순 | 수 | 문 | 학 | 의 | 가 | 치 | 를 | 공 | 유 | 하 | 는 | 창 | 작 | 글 | 모 | 음

종합문예지 「청목」

문학고을선집

2026
제20호

문학고을 문학고을

종합문예지 「청목」 문학고을선집 2026 제20호

신작동시

신작수필

신작소설

종합문예지 「청목」
문학고을 선집 2026 제20호

발행일 | 2026년 1월 12일

발행인 | 조진희
편집인 | 조현민
발행처 | 문학고을 출판사

주소 | 경기도 부천시 오정구 성곡로 16번길 7, 901호
서울사무실 | 서울특별시 강남구 학동로38길 38 (논현동), 204호
전화 | 02-540-3837
홈페이지 | www.문학고을.com
이메일 | narin2115@naver.com
등록 | 제2020-111176호

ISBN 979-11-92635-44-6 03810
ISSN 2799-9904

| 발행인 서문 |

청목 20호 출간에 즈음하여

스무 회의 세월이 흘렀습니다. 문학의 숲 한편에서 푸른 빛으로 잎을 틔우던 '종합문예지 청목'이 이제는 단단한 나무로 자라, 또 한 시대의 문학을 품은 결실로 우리 앞에 섰습니다. 시선 1집으로 창간호를 손에 쥐던 첫 순간의 설렘은 여전히 기억 속에 또렷하고, 그 후로 이어진 수많은 작가와 독자의 걸음은 이 문예지를 하나의 문학의 집 보금자리로 자리를 잡았습니다.

시와 동시, 시조, 디카시, 수필, 소설이 어우러져 만들어낸 목소리들은 '청목'이라는 이름처럼, 푸르면서도 깊게 세상을 비추었습니다. 문학은 언제나 사람을 향한 믿음에서 자랍니다. 청목의 20회 시간은 그 믿음의 증거이며, 더 넓고 깊은 이야기를 향해 나아갈 힘입니다.

함께해 주신 작가, 독자, 그리고 모든 문우님께 진심으로 감사드립니다. 이제 청목은 지난 20회의 뿌리를 딛고, 또 다른 20회의 나이테를 그려 나갈 것입니다. 그 길 위에도 변함없는 푸름과 진실함이 깃들기를 바라며 문학고을

'종합문예지 버팀목 20회' 출간을 통해 '엘리트 문학의 산실' 인 명품 문단의 대표 문학지로 우뚝 설 수 있도록 최선의 노력을 다하겠습니다.

감사합니다.

— 문학고을 회장 · 시인 조현민

엄마의 외출 외 2편

아들이 좋아하던
백설기 세 덩이 놓고 가셨다

입에 넣지 않아도
속이 달다

담현澹弦 김선규

| 말言의 품격

빠름이 아닌
바름의 허들을
뛰어넘는 것이다

담현 김선규

| 알파(α)

우연은 인연이 되고

다시
인연은 우연이 된다

담현 김선규

담현澹弦 김선규

중앙대학교 예술대학원 산업디자인학과 석사 졸업
인덕대학교 디지털산업디자인학과 겸임교수, LG전자(주) 디자인경영센터 책임연구원, 문학고을 총괄본부장, 문학고을 등단 심사위원 (디카시 부문)
대한민국디자인전람회 초대디자이너 및 심사위원, 대한민국우수디자인 심사위원
한국산업기술기획평가원(Keit) 심사위원, 한국강사교육진흥원 수석위원 및 강사
한국미래융합연구원(KIFC) 회원

〈주요수상〉

제3회 문학고을 청목문학상 (작가대상), 2025. 제1회 평택디카시공모전 입선 2024. 문학의 도시 원주 박경리 디카시 공모전 장려상 제2회 시사불교 신춘문예 우수상 (디카시 부문), 한국디카시 경시대회 1등 작품상 3회수상 (제9회, 제20회, 제21회), 2023 대한민국 디자인대상 대통령상
2023 문학고을 신인문학상, 시 부문 등단, 2022 대한민국 100인 대상 산업디자인부문 우수대상, 2019 세계 3대 디자인상 석권 (독일 IF, 독일reddot, 미국 IDEA), 2019 대한민국 우수디자인 대통령상 (롤러블 TV 디자인), 2011 대한민국 우수디자인 대통령상 (냉장고 디자인)

〈저서〉

『내 안에 꽃으로 핀 그대』 (윤보영 시인학교 10인 공저 시집), 『문학고을 선집 제9집~18집』 (공저 종합문예지), 『발견은 기쁨이다 2』 (공저)
『서울시 고등학교 제품디자인 교과서』 (공저)
이메일 - kimseonkyu@daum.net

일사분란 외 1편

수직 이착륙 기동력 짱
구름 껴도 투시력 짱

빨리 가서 본 대로 알려주라
널 잡는 그물 있나 항상 조심하고

안정선

ㅣ시스템 세상

전화는 잘 터지는가
밤에는 잘 켜지나
속도는 잘 지키나
인도는 잘 건너나

하나라도 비켜가면 어깃장

안정선

안정선 시인

전) 서울중등학교 교장
현) 물오름극단 배우, 발명늘봄강사
아동문학사조 동시조 신인문학상(2023)
사)어린이문화진흥회 부이사장
아동문학사조 부회장
한국디카시인협회 서울중랑지회 부회장
한국문인협회 회원, 송파문인협회 이사
문학고을 신인문학상 수상
문학고을 등단 디카시 부문

공저
『끊임없는 삶의 물음표』 디카시 동인지 출간

| 유서 외 2편

농익은 기억
햇살이 읽고 바람이 넘긴다
비가 지우고 흙이 덮는다

아무도 읽지 못한 마지막 문장

염혜원

| 아빠의 가로등

걷는 길마다
환하게 비춰줄게

가시도 꽃이 되는

염혜원

ㅣ붕어빵

30년 전 30년 후를

비춰주는 서로의 그림자

세상에 둘도 없는 단짝

시집가지 말고 엄마랑 살자

염혜원

염혜원 시인

중앙대학교 예술대학원 문예창작전문가과정

《세계디카시》 편집장
한국디카시인협회 사무차장
문학고을 기획본부장 / 서울지부 지부장
문학고을 등단 심사위원(디카시 부문)

문학고을 청목 문학상, 문학고을 최우수작가상
문학고을 등단 시 부문 신인문학상

제8회 [시와경계] 디카시 신인우수작품상
제1회 영등포 디카시 공모전 입선
제7회 경남고성국제한글 디카시 공모전 우수상
제9회 이병주하동국제문학제 디카시 공모전 우수상
제6회 한국디카시경시대회 1등 작품상

〈저서〉
디카시집 『불시착』
문학고을 선집 6집 ~ 19선집 공저
시야 놀자! 수필아 춤추자! 공저
『시향』 『향촌의 사계』 공저

봄 설계도 외 1편

바람이 설계하고
겨울나무가 서명한
자연 기술서

유범진

| 겨울나기 결의

곧 한판 벌어질 것 같다
벌판 위에서 스크럼을 짠 위용이
결의를 다지는 출전 국가대표급이다
땅속 뿌리까지 결속하는
저들의 작전명은 D-day는

유범진

유범진 시인

경남 함양에서 출생.
기업체 대표
문학고을 신인문학상 수상
문학고을 등단 시 부문
〈제79회 2차 공모 당선〉
문학고을 등단 디카시 부문
〈제80회 1차 공모 당선〉
공저
종합문예지 청목 20호

| 레드 카펫 외 1편

바람이 노래하며 흥을 북돋아
보석처럼 빛나는 화려한 포토존

햇살의 기립박수가 쏟아진다

한재준

| 블루 오션

치열한 경쟁
피 튀기는 전쟁터

생각을 바꾸면
길이 보인다

한재준

한재준(韓在俊) 시인

1973년 제주도 서귀포시 출생
현 서울 거주
한라대학교 졸업
성균관대학교 경영대학원(사회교육원) 수료
독서와 미술 감상을 좋아함
2024년 문학고을 문예지 상반기 등단
신인 문학상 시 부문 '완연한 봄'
'낙엽' 수상

시론 조 현 민

수필론 이 만 수

소설론 남 기 선

디카시론 염 혜 원

인문학산책 김 선 규

이 지 선

시론 3)

조현민

1. 시물시 시적진술의 비평批評 2

1〉 사물시의 의의

사물시는 사물 (물건, 자연물, 동식물 등)을 중심 대상으로 삼아, 그 형태 · 성질 · 움직임을 객관적으로 묘사하면서, 그 속에 시인의 인식이나 의미를 담아내는 시를 말함.

즉, 감정을 직접 드러내기보다 사물을 통해 간접적으로 정서나 삶의 의미를 표현하는 것이 특징.

2〉 사물시의 핵심 특징

화자의 감정 노출을 최소화한 객관적 · 절제된 표현

사물의 구체적 관찰과 묘사 중심.

사물이 상징적 의미를 지니며 인간의 삶이나 현실을 비춤.

예시1) 김수영 시인의〈풀〉

1〉 의의- 사물의 객관적 묘사에 사회적 의미를 담은 작품.

2〉 사물 – 풀

3〉 특징 – 풀의 생명력과 눌림 속에서도 다시 일어나는 성질을 통해 민중의 저항과 자유 의지를 상징.

풀/ 김수영

풀이 눕는다
비를 몰아오는 동풍에 나부껴
풀은 눕고
드디어 울었다
날이 흐려서 더 울다가
다시 누웠다

풀이 눕는다
바람보다도 더 빨리 눕는다
바람보다도 더 빨리 울고
바람보다 먼저 일어난다

날이 흐리고 풀이 눕는다
발목까지
발밑까지 눕는다

바람보다 늦게 누워도
바람보다 먼저 일어나고
바람보다 늦게 울어도
바람보다 먼저 웃는다

날이 흐리고 풀뿌리가 눕는다

예시 2) 정현종 〈떨어져도 튀는 공처럼〉

1〉 의의- 일상적 사물을 통해 존재의 의미를 사유한 대표적 사물시

2〉 사물- 공

3〉 특징- 공의 튀어 오르는 성질을 통해 삶의 회복력과 희망을 표현

〈시의 전문 인터넷 자료 참조〉

2. 자유시의 사회적 관계의 당위성

선진 유럽 사회는 가족(family), 사회(society), 인간및 사회적 관계성(relationship)을 중시하는 반면, 한국 사회는 물질만능 돈(money), 서열(숫자) 배경과 학벌 출산률 최저 자살율 세계 최고 1위, 시를 통한 치유의 회복이 절실하다.

3. 시의 정의 및 수필과의 관계성

시란 감정을 언어로 짧게 바꾸어 기록한 글로서 수필과의 관계는 사촌이라 할 수 있다.

30줄의 글을 한 줄로 응축 농축 함축 등 비유를 통해 상징 또는 형상화시켜내는 능력 있는 자만이 시인이라 할 수 있다.

고로, 인문학적 소양과 다양한 상상력에 기인한 한 줄의 압축된 시를 30줄의 글로 풀어내는 작가만이 유능한 수필가라 정의할 수 있다.

4. 시 등단 심사시 중요한 포인트 보는 것

가) 현실에서의 삶이 얼마나 깊이 그리고 절실하게 그 시가 뿌리 닿아 있는가의 정도.

나) 얼마나 예민한 촉수로 남들이 미처 보지 못하고, 느껴보지 못하는 생각들, 사물 ,사상등을 감지해 내어 쓴 시어 구사 능력.

다) 나)의 그것이 시속에서 압축과 메타포(은유법)나 엠파시(감정이입)에 의해 얼마나 선명하게 형상화되었는가의 정도.

라) 시구마다 구사하는 시어들의 〈적확성과 낯설고 생경〉하며 〈공감각적으로 압축되고 정제된 정갈함〉을 이끌어 냈는가의 정도.

5. 공감각적이란?

공감각적 심상은/ 서로 다른 감각을 결합하여 표현하는 기법입니다. 예를 들어, “금빛 게으른 울음”은 시각(금빛)과 청각(울음)을 결합한 것으로

시각의 청각화는 “푸른 노래”처럼 색깔(푸른)과 소리(노래)를 연결할 수 있다.

이런 방식으로 서로 다른 감각을 조합하여 독특한 이미지를 만들어내는 것이 공감각적 심상의 특징.

나태주 시인의 시란 무엇인가?

나태주(풀꽃)

(자)세히 보아야 (예)쁘다
(오)래 보아야 (사)랑스럽다
(너)도 (그)렇다

6. 나태주 시인의 시론 사례

시란 감정을 언어로 짧게 바꾸어 기록한 글이다.

사실적인/ 현실적인/ 묘사가 아니라 진실 그 자체 /참된 그 자체를 써라/ 그것에~대하여 쓰지 말고 그 자체를 써라 고독 / 그 차체로 들어가 써라.

본질 아닌 현상에 대해서 치우치다 보니 길어진다.

〈그림이나 사진〉으로 보지 굳이 시를 읽으려 하지 않는다. 시적 진술 시 시인의 가장 금해야 할 준칙 고독 / 현상을 묘사하고 풀이하는 것이 시를 길게 쓰게 된다.

7. 산문시 탄생의 연혁(배경)

산문은 산문일 뿐, 산문시는 시가 아니다?

아직까지 논란의 여지가 있는 것이 사실이다.

오래전 유안진 시인이 발표한 수필 '지란지교를 꿈꾸며' 를 적당히 문장마다 토막 내어 자유시 형태로 늘어놓고 그걸 시라고 우기는 이들이(?) 있음을 인터넷에서 많이 본다. (논쟁의 여지)

저녁을 먹고 나면
허물없이 찾아가 차 한 잔을 마시고 싶다고
말할 수 있는
친구가 있었으면 좋겠다.

입은 옷을 갈아입지 않고
김치 냄새가 좀 나더라도 흉보지 않을 친구가

우리 집 가까이에
살았으면 좋겠다.
(중략)

그러다가
어느 날이 홀연히 오더라도
축복처럼,
웨딩드레스처럼,
수의를 입게 되리라.

같은 날
또는 다른 날이라도…
세월이 흐르거든
묻힌 자리에서
더 고운 품종의 지란이 돋아 피어,
맑고 높은 향기로 다시 만나지리라.

유안진, 수필 〈지란지교를 꿈꾸며〉를 자유시처럼 변형시킨 예.

8. 시의 본질

〈개인의 자성과 성찰을 통해 각인 시킨 사례〉
결론은 〈응, 압, 은, 비〉다 =응축 압축 은유 비유

(구체적 사례)

관조적 자세 – 〈 사유의 힘/ 상싱력 기인한 의미부여 – 사물의 대한 정신의 옷을 입힌다–

공감각적으로 이미지화〉 – 상징화 – 형상화를 통해 시적진술을 한다.

1〉 마르틴 루터 – 참된 한마디

거짓말을 참말로 만들기 위해서는 7마디의 거짓말을 써야 된다.

2〉 정신과 의사 – 무엇인가 숨기고서 말을 하면 말이 길어진다 결국 시적 진술도 같은 이치다.

〈결국은 진실을 찾기 위한 몸부림이 아닌,인위적 가식적으로 현상(사물)을 설명하는 식의 길게 쓴 시가 산문시의 전형적인 형태로, 산문시가 시로 인정 받기 위해선 〈응압은비〉의 적절한 구사가 필요.

9. 시 본질의 양태

〈나태주 시인〉

인간 내면의 울컥, 분노, 상처, 우울 등 – 치료가 시다.

걸레 – 원래는 깨끗하였으니 사용함으로써 더럽혀지고 폐기 되었으나/ 우리의 마음도 원래는 걸레처럼 깨끗하나, 삶 속에 찌들고 더럽혀진 〈마음의 치유가〉 바로 시의 본질이라 할 수 있다.

인생을 아름다고 풍요롭게 사는 방법이 시를 읽는 것이고 항상 자연을 접하며 사는 생활 태도이다. 새소리 나무 잎파리 등, 계절마다 변화하는 꽃 등.

10. 시의 가장 중요한 시적진술 요소

엠파시 기법(empathy 감정이입) – 나무와 나 사이 〈이해와 공감〉의 소통

나태주 시인의 '나무' 라는 시는 나무가 얘기하는 것 내가 (화자)가 들판에 서서 받아 적어 탄생된 시.

1〉 풀꽃이란 시– 발 밑에 풀이 있네와 발밑에 〈예쁜 애기들이 와 있네〉와는 전혀 차원이 다른 것이다.

2〉 나무란 시 – 나무는 나 자신이다, 라고 생각하는 사람과 / 저건 나무야 왜 저렇게 서 있지는 서로 차원이 다른 얘기다.

3〉 엠파시 (감정이입) 기법의 사례

1] 나무 / 나태주

너의 허락도 없이
너에게 너무 많은 마음을

주어버리고

너에게 너무 많은 마음을
뺏겨 버리고

그 마음 거두어들이지 못하고
바람 부는 들판 끝에 서서
나는 오늘도 이렇게 슬퍼하고 있다

나무되어 울고 있다.

나태주 시인 왈
바람부는 들판에 서 있는 나무를 보면서 나무가 얘기하는 소리를 받아 적있다 함.
엠파시(감정입입) 기법의 전형적인 예.

2] 비누 4 / 청목 조현민

1연
손끝에 미끄러지듯 다가와
살갑게 아침 인사 건네고
엷은 잔향 품은 사위어진 백설기(비누)
헌신과 희생만이 존재할 뿐
생의 이력은 없다

〈 1연 화자가 비누(사물)에게 소통과 이해를 전제로 상호 엠파시 (감정이입)기법 적용 〉

2연

한평생 땀과 체취만을 흠모하며
아낌없이 사랑했을 뿐
초췌히 말라가는 수분 빠진 육신
다채색의 향기는 내 삶의 교향곡

〈2연 비누 (사물)가 화자에게 고백〉

3연

세월 속 포말泡沫 토해내도
흐르고 흘러감에 익숙할 뿐
샤워기 물줄기는 내 삶의 동지
베풂과 사랑은 일상의 행복

〈3연 비누(사물)가 화자에게 독백 형식의 소통과 이해를 전제로 감정이입 되고 있음.〉

4연

몽실한 안개꽃에 정신 혼미해도
(목욕탕 안의 수증기가 올라온 상태)
베풂 속 행복했던 삶의 이력
근육살 빠진 몸뚱어리 하수구 속
고운 눈가루 뿌려지고 있다

〈4연 1~2행은 비누가 화자에게 3행 4행은 화자가 바라보는 비누의 일생을 독백 형식으로 진술하고 있음.〉

3] 건초乾草 / 청목 조현민

들판 산자락에 푸르게 누볐던 젊음
지천에 널브러져 밟히던 삶이었지만
지난날이 아쉽지만은 않습니다

초록 바람 부는 대로 몸 맡긴 순응의 자세
때론 자존감에 대한 회의도 들었지만
지나고 보니 지혜였습니다

한설 시렸던 북풍도/ 흩뿌린 눈꽃송이에
흰 더벅머리 되어도/ 이젠 황혼의 나이
서럽게 외로움에 몸서리치지만

그래도 나란 존재 일깨워준 인생의
이웃이자 동반자였습니다
의지하며 *음전한 순응의 삶 받들라는

*음전
말이나 행동이 곱고 우아하다.

건초란 시도 건초란 사물이 화자에게 독백 형식으로 얘기하고 있음.(사물시로서 엠파시 감정이입 되어 화자와 건초가 서로 소통하고 있음.)

4] 건초 2 / 청목 조현민

동정의 눈빛은 싫어 망각의 세월만

아련할 뿐
햇살 등진 노을이 아름답게 보임은
여명의 아침 재회의 희망 설렘이지

비바람 고초 겪고 *두동진 지난한 생애
산과 들은/ 인생의 빛나던 갈채의 무대
산그늘에 쉬어가는 여정은 / 삶의 위안

생초 아닌 *개자리에 외면된 누런 몸꼴
수척한 밤 삭풍에 뼈마디 사위워 진들
가축 먹이로 주검의 이력에 초연한 뿐

바람에 서럽다 서럽다 울음 토해 내고
외롭다고 따신 해살 몸 눕힌 위로인들
잔멸의 숙명 환생할 다음생 기약하지

*개자리
미처 손길이 미치지 못하여
남아 있는 자리.

* 두동진
말이나 일이 앞 뒤가 엇갈려
서로 맞지 않다.

건초2 (사물)란 시도 사물이 화자에게 독백 형식으로 얘기하고 있음 (사물시의 전형으로서 엠파시 감정이입되어 화자와 건초가 서로 소통하고 있음)

5] 능소화 2 / 청목 조현민

1연

담장에 기댄 보조개 핀 얼굴
수줍은 듯 붉은 입술 내밀고
햇살에 농익은 자태 뽐낸다

2연

하늘 향해 환한 미소 짓고
범접할 수 없는 푸른 자존감
시샘하던 바람도 숨죽인다

3연

그리운 추억 담은 고귀한 향기
고향 담장 깃든 사랑 아련하고
두근거리던 심장 여전한데

4연

무심히 유영하는 구름만이
허虛한 마음 달래 듯
재회로 빛날 기다림의 연정
아름답게 꽃 피라 하네

능소화 (사물)란 시도 1연과 2연 3연은 화자가 사물(능소화)에게 4연은 사물이 (능소화)가 화자(시인)에게 독백 형식의 시적진술 하고 있음.

6] 가로수 3 / 청목 조현민

잎새의 가녀린 떨림 분신과의 이별
뼈마디 앙상 하늘 향해 *들피진 줄기
혹한의 칼바람 곁가지마다 휘감고

진녹색 배추머리 바람 따라 흩날리고
일정 거리의 징검다리는 내 이웃사촌
마주 보며 묵묵히 서성이던 사랑이지

과한 걱정과 관심 사랑은 아니어도
다툼 시기 없는 일정 거리는 삶의 지혜
〈*토해낸 마른 호흡〉 바람에 사라지고
적절한 긴장과 터치 각자 삶의 패턴을
존중할 뿐
자존감 소유욕 없는 이타심
편견 없는 햇살과 바람 삶의 위안이지

가로수란 시도 나태주의 '나무'란 시와 같이 화자가 가로수에게 느끼는 사유와 관조적 태도를 취하며, 의미 부여를 통해 시적진술 하고 있음.

이 시도 엠파시 기법 (감정이입)을 통한 상호 소통과 이해를 전제로 시적진술하고 있는 사물시의 전형.

*〈토해낸 마른 호흡의 의미〉

(사회적 관계성) 갈등과 상처로 얼룩진 삶의 환경 또는 조직 생활의 인간 관계 등으로 인한 스트레스 등을 압축적으로 표현.

*들피지다 – 굶주려서 몸이 야위고 쇠약해지다.

7] 시래기 / 청목 조현민

둔덕 위 밭고랑 햇살에 푸르던 청춘
삭풍의 리듬 따라 더벅 머리 춤추고
세월의 풍상 너머 수분빠진 근육살

문풍지 왕바람 넉가래의 시린 추억
마당엔 고운 숨소리 백설 솜이불 덮고
앵두나무 가지마다 눈꽃 피운다

처마 끝에 형상 바람에 사위어 지고
달빛 속 워낭소리 시래기 삶는 내음
사립문 앞 초설 세월을 들어 올린다
황혼에 아낌없이 던져준 너의 흔적
흐느적된 육신 시래깃국 미각 돋고
산촌 굴뚝 연기 저녁 밥상 꽃 피는데

이 시도 화자가 시래기란 사물에 대해 갖는 감성과 서정을 엠파시 기법을 통해 상호 소통과 이해 교감을 전제로 시적진술 하고 있음.

8] 마늘 3 / 청목 조현민

거친 피부 벗길수록 매끄럽고 슬림한
속살을 드러내며
순하듯 터프한 자극
〈물이 부적처럼〉 입속의 괴성을 달랜다

톡 쏘는 특유한 내음 건강과는 궁합
목구멍 토해내듯 아리고 아리거늘
개성 지닌 향기 입맛을 세뇌시키고

김장철에 귀빈처럼 모셔지는 몸값
절구통에 짓이겨 너덜 된 미끈 몸매
축 처진 청치마에 장승곡처럼 담긴다

도톰 통실한 자태 나즈막이 썰리고
삼겹살과 마주하던 황홀한 주검의 파티
미각 재촉해도 한 생애 만인의 연인

이 마늘이란 사물시도 / 화자가 마늘에 대해 느끼는 감성과 서정을 음식 재료 문화 등을 전형적인 엠파시(감정이입을 통해 상호하며 이해하고 있음) 기법이다.

결어 – 엠파시 기법 (감정이입 통한 상호 이해와 소통) 이란 것도, 사물이 야기하는 하는 것을 일방적으로 받아 적는 (예 나태주 '나무' 란 시) 사물의 관점에서든 아니면 화자(시인)의 관점에서 사물에 대해 느끼는 감성과 서정을 시직진술 하든지 간에 또는 서로 화자와 사물이 주거니 받거니 하는 식의 시적진술이 엠피시 기법의 전형이라 할 수 있다.

〈이만수 지부장의 시평〉

간결한 표현 (감정억제)
정감 있는 말 (내재된 정)
깊은 삶의 성찰(깊이)

11. 시를 쓸 때 키 포인트

S –short S– Simple E –easy I – impact
1) 짧게 쓰자.
2) 단순하게 쓰자.
3) 쉽게 쓰자.
4) 강렬한 여운(impact)이 있는 시를 쓰자.
impact〈 강렬한 영향 충격〉
시의 결구 부분에는 변형과 반전이 있어야 됨.
예) 풀꽃 시에 '너도 그렇다'

일기는 시 쓰기의 기초 베이스다.
하루 일과 중 사실의 기록보단 밖의 풍경 바람과 햇살 하늘의 모습이 어떠했다 등을 써라.
(나태주 시인의 시론 인용)

12. 총평 안현심(시인 문학 평론가)

1] 부탁 / 나태주

"너무 멀리 가지는 말아라/ 사랑아// 모습 보이는 곳까지만/ 목소리 들리는 곳까지만 가거라// 돌아오는 길 잊을까 걱정이다/ 사랑아"

—「부탁」전문

한국시가 이처럼 쉽고 아름답게 쓰일수 있다는 것을 증명해 보이며 대중적인 사랑을 받은 예는 김소월 이래 없었다. 소리내어 읽는 순간 공감으로 이어지기 때문에……

2] 시인이란/ 하늘이면 하늘의 신비와 땅이면 땅의 비의 〈比 견줄비 擬 비길의〉를 다스린다

비의 = 견주어 비교함 땅과 사람 하늘 우주 삼라만상 〈유영〉한다라 함은 천지개벽적인 얘기

유영(游 헤엄칠수 유 泳 헤엄칠 영) – 이리저리 떠돌아다님.

3] 시의 생명력

관조적 태도 + 사물의 대한 정신의 옷 (의미부여) + 상상력 + 사유의 힘 + 비유 (직유, 은유, 의인화) + 상징 + 엠파시empathy를 통한 형상화(감추어진 독수리 발톱을 들어 내는 것)

4] 좋은 시적 표현의 단적인 예

〈내면 풍경 2차 언어 간접회의 단적인 예〉

1〉 까만 밤(1차 언어, 직접화법, 외면풍경) – 수척한 밤 (내면 풍경 2차 언어 간접 화법)

2〉 하얀 눈– 살찐 눈

3〉 노란 개나리– 예쁜 개나리로

4〉 꽃잎이 바람에 떨어지고 있다 – 꽃잎이 바람에 떨어지며 눈물 흘리고 있다.

5〉 나는 당신을 사랑합니다– 어딜 가든 사랑이 도처에 있다.

6〉 도종환 시 – '흔들리며 피는 꽃'

삶의 고난과 사랑의 역경을 꽃의 성장 과정에 비유하며, 흔들림과 젖음이 필수적인 성숙의 일부임을 강조.

〈사례〉

지난한 삶 (1차 언어 직접화법 외면 풍경)

–흔들리지 않고 피는 꽃이 어디 있으랴

(2차언어, 간접화법, 내면 풍경)

도종환 시집 – '접시꽃 당신' '흔들리며 피는 꽃' '담쟁이' 등

7〉 또한 식상의 대상 푸념과 넋두리인데 그런 표현 남용 여부 – 시적진술 금물, 자성 필요.

결론– 낯설고 생경한 표현과 주제에 걸맞은 명징화가 필요.

푸념 넋두리 예)
〈전형적인 외면풍경 직접화법 1차 언어〉

마음 한구석의 아련함 ㅇㅇㅇ 응모작

아침 햇빛에 깨서 일어나면서도 생각나고
세수하며 잠에서 깨어나는 찰나에도 생각나고
나른한 오후 따뜻한 커피 한잔에도 보고 싶고
운동을 하다가도 노을진 새를 보고 걸어가는 동안에도 보고 싶고 어둔밤 혼술에도 그리워하고

–중략–

13. 시의 레벨

1] 신춘 문예와 같은 하이클라스 난수표 해독 예)
〈신춘문예 당선 시집들 참고〉

마경덕 시인 (사물의 입, 그녀의 외로움 B형)
시물시의 대표 주자이고, 세계일보 신춘문예 당선 등단한 시인이나 그의 사물 시는 대체적으로 쉽고 평이하며, 사유와 상상력을 기초로 시적진술 하고 있다.

2] 신춘문예의 난해한 시적진술이 아니어도, 쉬운 가독성 시로 독자들의 사랑을 받고 있는 시의 사례는 얼마든지 많이 있으며, 어떤 시가 사랑 받는가 여부는 결국 독자들의 몫 선택이다.

1〉 이해인 / 봄의 연가

우리 서로 사랑하면 언제라도 봄
겨울에도 봄
여름에도 봄
가을에도 봄
어디에나 봄이 있네

몸과 마음이 많이 아플수록
봄이 그리워서
봄이 좋아서
나는 너를 봄이라고 불렀고

너는 내게 와서 봄이 되었다

우리 서로 사랑하면
살아서도 죽어서도 언제라도 봄

2〉 너에게 묻는다 / 안도현

연탄재 함부로 차지 마라
너는 누구에게 한번이라도 뜨거운 사람이었느냐

반쯤 깨진 연탄
언젠가는 나도 활활 타오르고 싶을 것이다
나를 끝 닿는 데까지 한번 밀어 붙여 보고 싶은 것이다

타고 왔던 트럭에 실려 다시 돌아가면
연탄, 처음으로 붙여진 나의 이름도
으깨어져 나의 존재도 까마득히 뭉개질 터이니
죽어도 여기서 찬란한 끝장을 한번 보고 싶은 것이다

나를 기다리고 있는 뜨거운 밑불 위에
지금은 인정머리없는 차가운, 갈라진 내 몸을 얹고
아래쪽부터 불이 건너와 옮겨 붙기를
그리하여 서서히 온몸이 벌겋게 달아 오르기를
나도 느껴보고 싶은 것이다

– 중략–

시인의 상상력/ 의미부여/ 사물에 대한 정신의 옷 입히기 대표적 사례 (김주대 시인의 시 평론 참고)

3〉 수선화에게 / 정호승

울지 마라
외로우니까 사람이다.
살아간다는 것은 외로움을 견디는 일이다.

공연히 오지 않는 전화를 기다리지 마라

눈이 오면 눈길을 걸어가고
비가 오면 빗길을 걸어가라

갈대숲의 가슴 검은 도요새도 너를 보고 있다.
가끔은 (하느님도 외로워서 눈물을 흘리신다)

(새들이 나뭇가지에 앉아 있는 것)도 외로움 때문이고
(네가 물가에 앉아 있는 것)도 외로움 때문이다.

(산 그림자도 외로워서) 하루에 한 번씩 마을로 내려온다.

(종소리도 외로워서 울려퍼진다.)

시인의 상상력/ 의미부여/ 사물에 대한 정신의 옷 입히기 대표적 사례 (김주대 시인의 시 평론 참고)

김주대 시인 소개

약력
65년 상주 출생
성대 국문과 졸
91년 창작과 비평 통해 등단

뒤집는다/ 반대로 생각 거꾸로 생각하며 말해보고 쓰라/ 3차원 4차원 세계를 다뤄보라!/ 발생의 전환을 통해 낮은 건 깊고 깊은 건 낮게/ 아름다운 건 추하고 추한 건 아름답게/ 거짓은 진실되고 진실은 거짓되게/ 길은 건 짧고 짧을 건 길게/ 남들이 중요하게 인식하는 것을 중요하지 않게 생각하는 것/ 중요하지 않는 것은 중요하게/ 무거운 건 가볍고 가벼운 건 무겁게 / 역발상의 시적 진술을 주문하고 있다,

〈이것은 튀어 보이는 것이 아니라 존재의 진실을 찾기 위한 몸부림이다.〉

4〉 풀꽃 / 나태주 – 자/애(예) 오/사 /너/그

(자)세히 보아야 (예)쁘다
(오)래 보아야 (사)랑스럽다
(너)도 (그)렇다

5〉 가을이 저무는 창가에서 / 이정하

네 투명한 마음 속에
세상의 모든 풍경을 담을 수 있다면
나는 너에게 악수를 건네리

슬퍼하지마
내 시월의 창들아
이렇게 넓은 세상 속에서 또 낙엽은 지고

연인들은 쓸쓸히 헤어지고
저만치서

이별과 절망의 발자국을 뚜벅뚜벅 울리며
겨울은 걸어오고 있는데…

이제 우리,
두꺼운 외투를 하나씩 준비하자
그대와 나의 오랜 이별을 위하여

이정하 시인

약력

경남신문과 대전일보 신춘문예에 시가 당선되며 등단한 그는 대구 출신으로 원광대학교 국문학과를 졸업. 그의 시는 "나 스스로 사랑이 되면 그뿐/그대 나를 굳이 사랑하지 않아도 좋다"처럼 연애편지에 자주 인용될 만큼 감정적으로 울림이 크다.

1994년 출간한 〈너는 눈부시지만 나는 눈물겹다〉

150만 부 이상 판매되며 큰 인기를 끌었고, 이후 〈그대 굳이 사랑하지 않아도 좋다〉, 〈한 사람을 사랑했네〉등 사랑을 주제로 한 시집과 산문집 〈우리 사는 동안에〉를 출간함.

6〉 김용택 (섬진강 시인 섬진강 시 20편) 한국의 향토적 서정 시인

섬진강 매화꽃을 보셨는지요

매화꽃 꽃 이파리들이
하얀 눈송이처럼 푸른 강물에 날리는
섬진강을 보셨는지요

푸른 강물 하얀 모래밭
날선 푸른 댓잎이 사운대는
섬진강가에 서럽게 서보셨는지요

해 저문 섬진강가에 서서
지는 꽃 피는 꽃을 다 보셨는지요

산에 피어 산이 환하고
강물에 져서 강물이 서러운
섬진강 매화꽃을 보셨는지요

사랑도 그렇게 와서
그렇게 지는지
출렁이는 섬진강가에 서서 당신도
매화꽃 꽃잎처럼 물 깊이
울어는 보았는지요

푸른 댓잎에 베인
당신의 사랑을 가져가는
흐르는 섬진강 물에
서럽게 울어는 보았는지요

7) 그 꽃 / 고은(1933~)

(내)려갈 때 (보)았네
(올)라갈 때 (보)지 못한
그 꽃

나태주 시인의 풀꽃과 같은 대표적인 짧은 시
(100편의 논문을 쓸 수 있을 정도의 함축적인 시)

지하철 포스터 시도 존재

8〉 시바타 도요(할머니 시인)

敍(펼서) 事(일사) –문학에서 사건이나 행동의 시간적 진행을 서술하는 방식.

(시바타 도요)의 서사적 교훈적 삶의 철학적 시도 있다. '약해 지지마' 92세 아들 권유.

158만부 네덜란드, 이탈리아, 독일, 대만, 한국 등지에 판매. 103세 사망.

약해지지 마 / 시바타 도요

있잖아, 불행하다고
한숨짓지 마

햇살과 산들바람은
한쪽 편만 들지 않아

꿈은
평등하게 꿀 수 있는 거야

나도 괴로운 일

많았지만

살아 있어 좋았어
너도 약해지지 마

조현민 시인

열린 동해문학 시 등단. 문학상 수상, 법대 법학과 졸업. 전) 한림실업, 미지상사대표. 사) 문학 작가회 회원. 대한문인협회 최우수시 선정, 시 낭송 10여 편 유튜브 소개
제1시집-『아름다운 회상』 제2시집-『사랑은 당신처럼』 제3시집-『아침을 걸어가는 여자』 제4시집 -『플라워 카페에서』
『시작 (시론 기본서)』 편저
『시야놀자! 수필아 춤추자!』 편저(시론 수필론 기본서)

공저-
시인들의 샘터 문학지 희망봉광장 전자 문학지,
문학고을 시선집 및 종합문예지 청목
문학고을 출판사 대표
현) 네이버 문학고을 밴드 동아리 및 네이버 카페 리더
현) 문학고을 회장, 문학고을 등단심사위원

수필론

이만수

1. '수필隨筆' 이란?

일정한 형식을 따르지 않고, 일상생활(인생, 자연)에서나 자신의 체험을 생각나는 대로(붓 가는 대로) 쓰되, 전체적인 틀의 균형을 잘 맞추면서 은유, 상징, 압축을 통한 운율 있는 문학적 문장으로 쓴 공감(보편화, 일반화)할 수 있는 내용의 산문 형식의 글.

〈특징〉 '붓 가는 대로' 의 함정

수필에도 구성이 있다.
하지만 그 치밀한 짜임새가 너무 자연스러워 독자가 느낄 수 없기 때문에

붓 가는 대로 쓴 것처럼 보일 뿐이지,
절대로 구성이 없는 글(붓 가는 대로 쓴 글)이 아니다.

2. 수필의 종류

(1) 내용(소재, 주제)에 따라 ~

가. 중수필 : 사회적 수필 〈– 에세이 essay

– 개념: 주로 무거운 내용을 담고 있는 논리적이고 객관적인 수필

– 특징: 사회적, 비평적, 논리적

나. 경수필 : 개인적 수필

– 개념: 생활 주변에서 일어나는 사소한 일을 소재로 가볍게 쓴 수필

– 특징: 개인적, 감성적, 주관적

* 경수필의 분류 *

(가) 기록 수필: 개인적 소소한 일상의 경험을 기록하듯 쓴 수필.(= 자전적 수필)

cf.수기手記: 자신이 직접 겪은 (주로 어려운)생활이나 체험을 솔직하게 쓴 글.

(나) 수상 수필: 개인적 경험, 사물에서 얻은 삶의 철학적 의미를 진솔하게 쓴 수필.

(다) 기행 수필: 여행을 통해서 얻은 어떤 감정이나 교훈을 문학적으로 표현한 수필.

(2) 서술 방식에 따라 ~

가. 시적 수필 : 시경과 풍경이 살아있고, 은유와 상징을 통한 압축이 있으며, 여백 위주의, 리듬감(운율)이 있는 수필.

〈예〉
유안진 [지란지교를 꿈꾸며], 이효석
[낙엽을 태우면서]

민태원 [청춘예찬], 권현옥 [너머], 안희옥 [그 골목의 필경사들]

공지영 [빗방울처럼 나는 혼자였다], 신달자 [나를 아프게 하는 봄]

이만수 [시장, 꽃. 사춘기], [초가을 단상], [태좌], [낙엽 위에 서다] [봄 삐꾸기와 쑥버무리] 등

나. 소설적 수필 : 탄탄한 이야기를 바탕으로, 콩트처럼 반전이 있게 쓴 수필.

〈예〉 공지영 [빗방울처럼 나는 혼자였다], 김나비 [기억을 토렴하다]

이만수 [라면 먹을 때면], [연천], [시골 형님], [거북시장] [네, 이병 이만수], [낡은 리어카], [낡은 구두 한 켤레] [아버지의 짐자전거] 등

다. 철학적 수필 : 문학성보다 사색, 관조, 탐구에 중점을 둔 수필.

〈예〉 법정스님 [무소유], 강현자 [수제비로 끓어나는 화和], 임영도 [주상절리]

김정태 [바람소리], 권현옥 [너머]

이만수 [태좌], [꽃], [봄 삐꾸기와 쑥버무리]
[낙엽 위에 서다], [가을 읽기], [나의 소중한 첫 직장] 등

"[철학이 가미된, 소설적이면서, 시적인 수필]이 가장 이상적인 수필이다."

〈예〉 양주동 [질화로], 류달영 [슬픔에 관하여], 심선경 [포장마차를 타다]

이만수 [태좌], [시장, 꽃. 사춘기]

[낙엽 위에 서다], [오래된 현재의 사랑을 위하여] [지리산, 나만의 삿된], [무당벌레 단상]

라. 기타: – 희곡적 수필 (대화체를 사용해 내용을 이끌어가는 수필)

– 논설적 수필 (평론, 칼럼처럼 주장, 비판, 정보 위주의 수필)

Q & A

“수필의 분량은 왜 원고지 15~20매 내외인가요?”

*보통 앉은 자리에서 집중해 읽을 수 있는 시간이 대략 15~20분 (길면 30분) 정도이기 때문입니다.

* 10매 이내의 짧은 수필은 다수의 스토리를 담기 어렵기 때문에 소설적 수필이 되기 어렵고 철학적 수필도 되기 어렵습니다.

* 20매 이상, 30매 내외의 긴 수필은 자칫 내용이 산만해 지거나 너무 어려워질 수 있고, 자칫 주제가 흐려지고, 독자들이 거리감을 느낄 수도 있습니다.

이만수 필명(여월如月) 시인, 수필가

[문학고을] 충청지부장
[한국현대문화포럼] 제4회 문학상 수필부문(대상)
[문학고을] 제2회 수필부문(청목문학상)
[농민신문사] 제25회 전원생활 수기(가작)
시집 [시를 쓰는 마음] 나태주 외 19인 공저
제1수필집 [웃픈 여우비] 출간
제2 수필집 [목마름은 커피 한 잔으로] 출간
이메일 : leems131@hanmail.net

소설론 5章

남기선

소설은 사건이다.

1. 사건 없는 소설은 없다

1) 개 요

처음 소설을 쓸 때는 사건과 줄거리를 별개로 생각할 수도 있다. 소설은 곧 사건이다. 사건이라고 해서 세인들의 주목을 받는 사회적 사건이 아니다. 소설에서 일어나는 모든 이야기 자체가 사건인 것이다.

사건이 진행된다는 것은 스토리가 만들어지는 과정이고 시간이 시작돼서 끝났다는 것은 줄거리가 완성됐다는 것을 뜻한다.

사건은 소설의 주제를 집어넣을 포장지이며 그릇이다.

소재를 어떠한 포장지로 포장을 하느냐에 따라서 소설의 주제가 살기도 하고 약해지기도 한다. 따라서 상품에 맞는 포장지를 사용하는 것은 중요하다.

2) 이야기의 소재를 사건으로 만드는 법

소재를 토대로 소설적 사건을 만들려면 우선 시발점始發點이 있어야 한다. 시발점은 사건의 촉매觸媒가 되기도 한다. 소설은 있을법한 거짓말이다.

사건의 촉매를 싹틔우려면 일단 "유사성"을 찾아내어야 한다. 1단계로 유사성을 찾아냈으면 그 유사성에서 일어날만한 일, 있을법한 일을 생각나는 대로 메모를 하다 보면 적당한 사건이 떠 오르게 한다.

가. 줄거리의 본질을 확인한다.

대략 짜여진 줄거리의 본질이 비극인가 희극인가 아니면 시사성이 있는가 여부에 따라서 소설의 내용이 달라진다. 물론 희극적인 소재를 비극적으로 쓸 수도 있고 비극적인 소재를 희극적으로 쓸 수도 있다. 그래도 일단 소재의 본질이 무엇인지 정확히 파악하는 것이 중요하다.

나. 줄거리를 어떻게 포장을 할 것인지 진단해 본다.

줄거리와 유사한 포장지(사건)로 포장을 할 것인지 소재와 거리가 먼 포장지로 포장을 할 것인지 결정을 한다. 예를 들어서 "조기 퇴직으로 인한 가정붕괴"라는 소재로 소설을 쓴다고 가정을 해보자. 이 소재를 가정이라는 울타리 안에서 일어나는 사건으로 몰고 갈 것인지 조기 퇴직하고는 거리가 먼 가족여행이나 동료들끼리 등산을 가는 사건을 통해서 가정의 붕괴를 암시할 것인지를 결정해야 한다는 것이다.

3) 사건의 구조

갈등葛藤이란 말은 칡을 뜻하는 칡덩굴 갈(葛)자와 등나무 등藤자로 되어 있다. 둘 다 나무줄기를 타고 위로 올라가는 식물인데, 올라가는 방향이 각각 다르다. 칡넝쿨은 왼쪽 방향으로 감아 올라가고 등나무는 반대 방향이다. 칡넝쿨과 등나무 넝쿨이 같은 나무에서 감아 올라가면 자연히 얽히고 만다. 갈등 구조는 발달→전개→절정→결말로 이루어진다.

가. 필연성

소설의 사건을 진행하는데 있어서 필연성은 매우 중요하다. 필연성과 논리성은 다르다. 논리적으로 등장인물을 사건으로 끌어들여서는 안 된다는 것이다. 등장인물 A와 S는 서울에 산다. 그들이 부산의 광복동에서 갑자기

만나려면 사전에 A와 S가 광복동에 갈 수밖에 없는 이유를 제시했어야 한다는 것이다.

나. 연상성

사건의 연상성은 프랑스 파리를 생각하면 에펠탑을 연상하는 것처럼 사건의 배경이나 등장인물이 사건을 만들어 가는 과정에서 연상으로 사건을 이어 나가야 한다는 말이다. 영화를 보면 카메라가 아무런 이유 없이 꽃을 잠시 클로즈업 한다. 화면이 바뀌고 여자가 흔들의자에 앉아 음악을 듣는다. 잠시 후 남자가 나타나서 꽃을 여자에게 내민다. 소설의 연상성도 이처럼 뒤에 나올 부분을 미리 암시를 하거나 정보를 주는 수법이다.

다. 우연성

필연적인 사건을 아주 우연인 것처럼 꾸며 말한다. 여기에서 우연성은 드라마틱dramatic이 아니다. 필연적인 것을 우연적인 것처럼 가장한다는 것이다. 그러려면 연장성이 개입되어야 한다.

라. 의외성

인물의 의도에서 빗나간 사선을 발생시켜 독자의 기대를 배반하는 충격적인 이야기로 진행을 한다.

마. 예시성

사건을 미리 예시하거나, 등장인물의 출연을 미리 예시해 주어야 한다. 소설은 글자를 통해서 오각을 자극하는 예술이다. 영화에서 카메라가 칼을 클로즈업 하면 그 다음 장면에서 등장인물이 칼을 집어 든다. 소설에서도 사건을 이어 나갈 때 예시성이 있어야 한다.

2. 기승전결로 확대하기

1) 개요

줄거리가 만들어졌으면 스토리의 골격을 갖춰야 한다. 스토리의 골격은 사건이 어떻게 시작이 되어 어떻게 끝나느냐 까지의 과정이다. 이것을 기승전결이라고 한다. 요즈음은 기승전결이 희박한 소설 쓰기도 많이 한다. 초보자인 경우는 가능한 기승전결을 짜 놓고 단음 단계로 진행되는 것이 좋다.

2) 기승전결이란

기승전결은 갈등이 시작되어 전개되어 결말을 향해가는 과정이다. 쉽게 이해하려면 사건이 시작이 되는 부분(기) 사건의 갈등이 조장되는 부분(승) 갈등이 꼬이기 시작하는 부분 갈등이 마무리를 짓는 부분(결)로 이해를 하면 된다.

■ 기起에서는 소설이 시작하는 배경이다.

–그와 그녀는 서로 사랑을 하고 결혼을 약속한 사이다.

■ 승承은 갈등의 조짐을 만들어 내는 시작이다.

–그녀가 다니는 직장에 총각 상사가 등장한다.

■ 전轉은 갈등이 꼬이기 시작한다.

–직장 상사가 그녀에게 대시를 한다. 그년도 상사가 싫지만은 않다.
그도 그녀가 상사를 좋아한다는 사실을 알고 결혼을 재촉한다.

■ 결結은 갈등이 해결되거나, 최고조로 향하여 붕괴가 된다.

–그녀가 총각 상사를 선택한다. 그녀가 그와 결혼을 한다.

기승전결의 또 다른 장점은 소설에서 읽는 재미를 더해 준다는 점이다. 독자들은 알지 못하는 사이에 갈등의 극에 점점 다가가게 될수록 끝까지 알고 싶은 욕구가 충족이 된다. 또한 기승전결로 스토리가 짜여 있다고 해서 완결될 때까지 그대로 밀고 나가지 않아도 된다. 이 단계에서 '기승전결'을 짜는 것은 소설을 좀 더 쉽게 쓰기 위함이다. 나중에 플롯을 다시 짤 때 기승전결이 바뀔 수도 있다.

▣ 줄거리로 기승전결 만들기 ▣

1) 줄거리를 기승전결로 만들어 보자

줄거리의 전개는 평이할 수도 있고 극적일 수도 있다. 줄거리가 극적이라고 해서 소설 전체가 긴박하게 흐르는 것은 아니다. 소설의 전개 과정이 기승전결로 분명해질 때 긴박감이 배가 될 수 있다. 극적인 줄거리가 밑도 끝도 없이 시작이 되고 종말을 맞게 되면 독자들이 읽어주지 않는다.

2) 기승전결 만들기

ex) 줄거리 요약:

구청 건축과장 왕진호는 청렴하다. 어느 날 외아들이 유학을 가겠다는 말에 유학비용으로 고민한다. 주택지역에 상가를 짓겠다는 건축업자 배 사장의 뇌물 일억원을 받는다. 왕진호는 국장에게 5천만 원을 상납, 건축심의위원회에서 상가 신축건을 통과시켜 달라고 청탁한다. 심의는 불허로 끝이 난다. 애가 탄 왕진호는 건축심의위원회 부위원장 김 교수에게 이천만 원을 청탁한다. 김 교수가 큰소리 치는 말에 안심한 그는 배 사장에게 1억 원을 더 요구한다.

배사장은 상가 한 채를 주겠다고 약속한다. 아들은 미국으로 유학을 떠나고, 왕진호는 아내와 베트남으로 여행을 떠난다.

심의위원회가 열리기 전날 김 교수는 왕진호에게 이천만 원을 도로 내민다. 위원들이 도저히 설득이 안 된다는 것이다. 배 사장은 축배를 들자며 왕진호에게 전화를 한다.

⊙ 기승전결

– 기 : 구청 건축 과장 왕진호는 아들의 유학 비용으로 고민한다.

– 승 : 배 사장이 청탁을 요구하며 일억 원을 현금으로 내민다.

– 전 : 심의위원회에서 상가 허가권은 불허가 되고, 김 교수에게 다시 청탁한다.

– 결 : 김 교수가 고개를 흔들며 이천만 원을 토해 낸 날 김 사장은 축배를 들자며 찾아온다.

남기선 소설가, 수필가

1958년 인천 출생
중앙대학교 사회개발대학원 행정학석사, 중앙대학교 국제경영대학원 경영학석사
2022년 7월 문학고을 수필 당선
2023년 5월 월간 시사문단 단편소설《 代 》당선
2024년 제19호 봄의손짓 빈여백동인문학지 단편소설《 등대 》당선
한국문예창작진흥원 교수, 빈여백 동인
한국시사문단작가협회 회원
한국소설가협회 회원, 한국문인협회 회원
문예창작실기지도사 1급, 을지대학교 겸임교수
연세대 산학협력단, 서울시 인재개발원 강사, 월드로 마켓 대표

〈수상〉
문학고을 문학상(수필), 월간 시사문단 문학상(소설)
제 4회 청목문학상(작가대상), 제19회 빈여백동인문학상
서울시장 직무유공 표창, 정부우수공무원 국무총리 표창
〈저서〉《소설 카름》 한국문인협회 (공저)
문학고을 10선집,~ 15선집 (공저)
월간 시사문단 2023. 2월호,~ 5월호 (공저)
봄의 손짓 빈여백동인지 제19호 (공저)
현) 문학고을 부회장 /수석고문/ 등단 심사위원

| 디카시론 |

존재의 궤도를 굴리고 시간을 깨우다

–박기준 시인의 디카시 「여의주」 「쥐라기」 「온난화」

염혜원

디카시는 순간을 포착한 이미지 속에서 언어가 새로운 의미의 문을 여는 장르다.

사진이라는 영상 기호가 세계의 표면을 드러낸다면, 언어라는 문자 기호는 표면 아래 잠복해 있던 의미를 수면 위로 끌어올린다.

박기준 시인의 디카시는 이러한 두 기호의 만남 속에서 빛을 발한다.

사소해 보이는 장면 속에서도 삶의 본질을 묻는 질문을 조용히 길어 올리며, 과장하거나 설명하지 않고 대상의 침묵을 하나의 사유로 전환한다.

그의 「여의주」 「쥐라기」 「온난화」는 서로 다른 풍경을 담고 있지만 존재의 원초성, 시간의 반복성, 문명의 반사성이라는 세 가지 질문 축을 이루며 하나의 사유 지도를 완성한다.

하이데거는 “언어는 존재의 집이다”라고 말했다.

존재를 언어로 드러내는 것이 시의 본질이라면,

박기준 시인의 디카시는 사진과 언어의 결합을 통해 그 사유를 더욱 증폭시킨다.

그의 사진은 ‘세계의 현상’을 붙잡고, 언어는 그 현상에 의미를 부여한다.

‘사진과 언어의 화학작용’ 속에서 박기준 시인만의 존재론적 언어가 형성되며 그는 ‘보이는 것 너머의 본질’을 탐색하고, 찰나를 영원으로 일상을 성찰로 전환시킨다.

여의주

땡볕 아래 굴리고 굴려 또 하나의 지구가 된

그 안에 저를 낳고 품었습니다
아버지만의 행성, 나의 고향

내가 여의주를 부러워하지 않는 까닭입니다

— 박기준 「여의주」

여의주는 박기준 시인의 시 세계를 여는 탐구의 출발점이다.

땡볕 아래 쇠똥구리가 굴리는 둥근 덩어리는 더 이상 단순한 배설물이 아니다.

시인의 언어를 통과하는 순간 그것은 "또 하나의 지구"가 되고, 작고 성실한 노동이 세계를 떠받치는 존재의 중심축으로 다시 태어난다.

생의 무게는 거대한 곳이 아니라 가장 낮은 자리에서 시작하며, 수많은 작은 몸짓의 누적이 우리가 사는 세계를 이루고 있음을 일깨운다.

"그 안에 저를 낳고 품었습니다"라는 고백은 세계가 거대한 힘이 아니라 세월을 견디는 작은 축적에 의해 만들어진다는 사실을 드러낸다.

이어지는 "아버지만의 행성, 나의 고향"은 생명이 세대를 건너 이어지는 조용한 계보를 품고 있다.

이때의 여의주는 전설 속 보석이 아니라 각자가 견디며 굴려온 시간의 무게로 빚은 자신만의 우주이자 존재가 서 있는 자리의 중심이다.

사진과 언어의 화학작용 속에서 '굴리고 굴리는' 행위는 삶 자체의 은유로 확장되고 박기준 시인은 그 지점을 통해 디카시가 지닌 고유한 결을 선명하게 보여준다

쥐라기

어느 별에서 떨어졌을까

마법의 성에서 깨어난 공주

그 시절이 생각난 걸까

수천 년 된 알을 깨트린 저 환한 미소

— 박기준 「쥐라기」

「쥐라기」에서 공룡과 아이가 동시에 알을 깨고 나오는 장면은 '생명의 기원은 반복된다'는 시간의 역설을 시각적으로 펼쳐 보인다.

아이의 미소는 과거와 현재의 경계를 가볍게 넘어서며, 태초의 원초성과 지금 이 순간의 탄생 위에 자연스럽게 포개 놓는다.

"어느 별에서 떨어졌을까"라는 물음은 생명의 먼 기원을 향한 인간의 오래된 호기심을 일깨우고, "수천 년 된 알을 깨트린 저 환한 미소"는 아이의 탄생을 넘어 태초의 빛이 지금 여기에서 다시 피어나는 장면을 만든다.

그 미소는 오래된 기억의 조각이 현재의 숨결과 맞닿는 자리이며, 생명이 언제나 최초의 순간을 반복하며 다시 시작되는 존재임을 보여준다.

이때 시간은 직선이 아니라 필요한 순간마다 되살아나고 새롭게 편집되는 순환의 구조다.

「쥐라기」는 그 되풀이되는 기원의 시간을 조용하지만

명확하게 드러낸다.

사진이 포착한 한 장면을 언어가 시간의 울림으로 확장시키며, 우리의 현재가 곧 오래된 생명의 변주임을 일깨우고 순간의 빛이 수천 년의 심연을 흔드는 지점을 기록한 작품이다.

온난화

바다와 자연의 품에 안겨 컸습니다

잃어버린 겨울에 그린란드의 만년 빙벽은 부서져 내리고,

알바트로스 날개가 빙하의 비명을 듣습니다

우리가 만들어낸 뜨거운 비명입니다

— 박기준 「온난화」

「온난화」는 박기준 시인의 사유가 존재와 시간의 층위를 넘어 현실의 세계로 확장되는 지점이다.

비행기 창밖으로 펼쳐진 거대한 구름의 바다는 평온해 보이지만, 그 아래에는 인간 문명이 남긴 상처가 묵음처럼 가라앉아 있다.

"잃어버린 겨울"
"부서져 내리는 빙벽"
"우리가 만들어낸 뜨거운 비명"

이 언술들은 자연의 붕괴를 묘사하는데 그치지 않고 그 원인이 바로 '우리' 에게 있음을 조용하지만 단호하게 밝혀낸다.

박기준 시인은 이 작품에서 자연이 직접 말하지 못한 침묵의 문장을 읽어낸다.

문명의 성장과 교환한 대가가 어떤 온도로 되돌아오는

지,

그 온도가 누구의 삶을 흔드는지,

그는 이미지의 여백 속에서 그 온도를 감각한다.

사진은 정적靜的이다.

그러나 언어는 그 정적을 깨우며 세계의 균열을 드러낸다.

우리가 '아름답다' 고 여겨온 풍경 속에 이미 문명의 균열이 스며 있다는 사실을 독자는 시인의 언어를 통해 비로소 알아차린다.

사진의 침묵과 언어의 급진적 진술 사이의 간극은 문명의 모순을 더욱 선명하게 드러내고, 이 작품은 박기준의 시 세계가 개인의 존재를 넘어 시대의 자화상까지 바라보고 있음을 증명한다.

「여의주」는 생生의 낮은 자리에서 존재의 중심을 발견하게 하고,

「쥐라기」는 태초의 시간이 지금도 반복되고 있음을 일깨우며,

「온난화」는 문명이 만들어낸 그림자가 결국 인간 자신에게 돌아온다는 반사적 세계 구조를 보여준다.

이 세 작품은 서로 다른 장면을 담고 있지만 결국 하나의 질문으로 수렴한다.

"우리는 무엇을 굴리고, 무엇을 깨우며, 어떤 세계를 남기고 있는가"

박기준의 디카시는
찰나를 기록한 이미지 위에
언어가 사유의 결을 더함으로써
삶의 본질을 다시 묻는 문학이다.

그의 작품은 장면을 보여주는 데서 멈추지 않고, 그 장면의 숨결 속에서 우리 각자가 살아가는 세계의 의미를 다시 생각하게 한다.

「여의주」가 굴린 행성, 「쥐라기」가 깨운 기원, 「온난화」가 드러낸 문명의 온도 이 세 편의 디카시는 독자에게 마지막으로 묻는다.

"우리는 지금 어떤 행성을 굴리고 있는가."

염혜원 시인

중앙대학교 예술대학원 문예창작전문가과정
《세계디카시》 편집장, 한국디카시인협회 사무차장
문학고을 기획본부장 / 서울지부 지부장
문학고을 등단 심사위원(디카시 부문)

문학고을 청목 문학상 (작가대상)
문학고을 최우수작가상, 문학고을 등단 시 부문 신인문학상

제8회 [시와경계] 디카시 신인우수작품상
제1회 영등포 디카시 공모전 입선
제7회 경남고성국제한글 디카시 공모전 우수상
제9회 이병주하동국제문학제 디카시 공모전 우수상
제6회 한국디카시경시대회 1등 작품상

〈저서〉
디카시집 『불시착』
문학고을 선집 6집 ~ 19선집 공저
시야 놀자! 수필아 춤추자! 공저
『시향』『향촌의 사계』 공저

문학고을 시선

문학고을시선 01

문학고을시선 02

문학고을시선 03

문학고을시선 04

문학고을시선 05

문학고을시선 06

문학고을시선 07

문학고을시선 08

문학고을시선 09

문학고을시선 10

문학고을시선 11

문학고을시선 12

문학고을시선 13

문학고을시선 14

문학고을시선 15

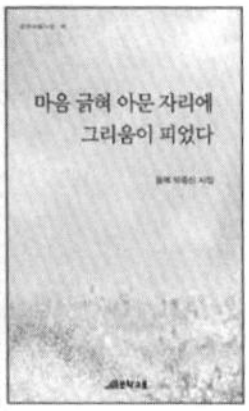

문학고을시선 16

문학고을시선 17

문학고을시선 18

문학고을시선 19

문학고을시선 20

문학고을시선 21

문학고을시선 22

문학고을시선 23

문학고을시선 24

문학고을시선 25

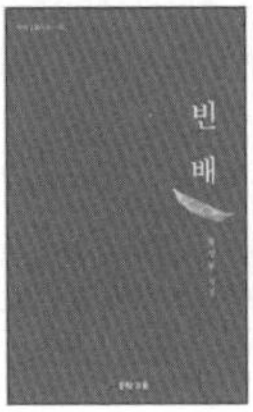

문학고을시선 26

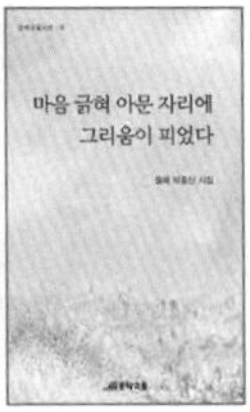

문학고을시선 27

문학고을시선 28

부울경 지부 주관
하반기 워크숍 아르피나 백일장
수상작

대상 김주옥 / 시부문

금상 김정영 / 디카시부문

은상 김희숙 / 시부문

이만수 / 디카시부문

동상 김병종 / 수필부문

안정선 / 디카시부문

박미순 / 시부문

낙엽

허공을 내려와 손을 잡았어

네게로 갈까 신발 없이 맨발로
바스락 밟아가는 화음이 거리를 뒤덮고
그래도 예쁘게 보여주고 싶은 손

빗물에 젖어드는 한기보다
지난 추억이 더 깊고 오묘해

가만히 서서 다음 생으로 가는
차표 한 장 주머니에 넣어두고
지름길을 찾고 있어

네게선 언제나 봄내음이 났지
두 손 안에 채워진 기도의 말
닦아낼 수 없는 첫사랑의 흔적들

첫 삽을 뜬 날은 눈이 부셨어
저 환한 빛이 해인지 달인지
네 얼굴인지 분간이 안 되었어

12월이 오기 전에
약속 하나 가슴에 묻어 두자
눈 내리면 펄펄 눈송이로 내려와
서로의 땅에서 뭉치기를

김주옥 시인

문학학사, 영어스토리텔링지도사. 언어발달지도사
심리상담사.외상심리상담사.아동심리상담사
미술심리상담사.베이비플래너
1997년 월간 〈한국시〉 신인상 수상 등단
2009년 〈國家賞勳人物大典〉에 등재
2004년 세계문화예술아카데미 세계시인회 제24회 세계시인대회기념 세계시인사전에 등재, 2012년 現代 韓國人物史 〈韓國民族精神振興會〉에 수록
2020년 마한문학상 수상
2021년 문학고을 〈동시부문〉 신인상 수상
2010년 첫 시집 : 〈아가야, 너의 서른에는 무엇을 보았니〉
2020년 두 번째 시집 : 〈아가야, 너의 예순에는 무엇을 만났니〉
2022년 세 번째 시집 : 〈그저 좋은 당신의 시간〉
2023년 첫 장편소설 〈천 개의 바람이 되어〉
2022년 제60회/ 2023년 제61회 강원예술제 시화전 작품공모 〈우수상〉
2023년 문학고을 청목문학상(작가대상) 수상
2023년 첫 동시집 : 〈딩동! 축복이 왔어요〉
2024년 두 번째 동시집 : 〈벽장 속의 홍시〉
2025년 네 번째 시집 : 〈장미의 왈츠〉
2025년 문학고을 하반기 워크숍 아르피나 백일장 〈대상〉 수상
현) 문학고을 고문

ㅣ 진통제

복잡한 세상
한 모금이면
충분하다

김정영 시인

73 전남 여수 출생
1999. 2 호원대 졸업
1999. 9 경찰관(공채) 임용
현) 전북청 군산경찰서 수사과
강력팀 근무
문학고을 신인 문학상 수상
문학고을 등단 시 부문
현) 문학고을 호남지부장

마음안에 가을을 품다

계절의 수채화가 바람에 조각되고
햇살이 가을을 덧칠하고 있었어

무겁게 내려 앉았던 그 화통 속 하늘이
질척거리던 마음의 뜨락에 흐르던
땀방울이 한숨으로 배어나던 즈음에

억새의 노리실에 쑥부생이 잇몸 반새하고
갈잎은 파르라니 길 위에 눕는구나
하늘을 우러러 쪽빛 사이로 흰구름 나빌레라

채색된 정경에 심취한 마드모아젤이여
설레는 첫사랑만큼 콩콩거리는 마음 안에
도린곁 갈대의 하얀 미소 다소곳하고
세월이 계절을 각색하니 아름다워라

센세이셔널한 세월을 닮아가며
밀어내기보다 보듬어 안아야 함이
아름답고 따스함에 손잡고 함께
동행하는 이들이 있어 행복하다는걸

스치는 바람에도 시어는 가을 동화다

마드모아젤　어여쁜 아가씨
도린결　사람이 별로 가지 않는 외진 곳
센세이셔널 매우 훌륭한 놀랍고 돌풍적인

김희숙 시인

60년 경기 안산 출생
요식업
문학고을 신인문학상 수상
문학고을 등단 시 부문
글벗 지기 자문위원
공저
문학고을 시선집 및 종합문예지 청목
문학고을 우수작가상 수상
현) 문학고을 경기지부 지부장
시집 『그럼에도 불구하고』

| 쪽방

키 낮은 지붕
침대없는 통창
바람 들고 차음 난방 어설퍼도
이보다 더 좋을 순 없다
오늘밤, 다리 뻗고 잠들 수만 있다면

이만수(李萬洙) 시인

전북 전주 출생
중앙대학교 경제학과 졸업, 세광그룹 CFO 대표 역임
[문학고을] 시인, 수필가 등단. 현재 충청지부장
*수상내용
[한국현대문화포럼] 제4회 문학상 수필부문(대상) 수상 , 2023년 / '낡은 리어카'
[별망성백일장] 제37회 운문부문(동상) 수상 , 2023년 / '까무룩 빛나는 별'
[문학고을] 제2회 수필부문(청목문학상) 수상 , 2023년
[직지콘텐츠] 제1회 수필부문(장려상) 수상 , 2023년 / '청주'
[농민신문사] 제25회 전원생활 수기(가작) 수상 , 2024년 / '시골 형님'
[노계문학] 제7회 수필부문(입선) 수상, 2024년 / '봄 뻐꾸기와 쑥버무리'
[직지콘텐츠] 제2회 시부문(입선) 수상, 2024년 / 직지, 直으로 활하다. 字의 깨우침
*저서
계간 [문학고을] 선집 제9,10,11,12,14집 공저
청년잡지 [다정한시간] 제1호 수필('아버지의 짐자전거') 수록
월간 [샘터] 2023년 12월호 에세이('나의 소중한 첫 직장') 수록
월간 [좋은생각] 2024년 10월호 시('절벽 끝 약사암') 수록
시집 [시를 쓰는 마음] 나태주 외 19인 공저 2025년
이메일 : leems131@hanmail.net

길이 멈춘 자리에서

함평에서 호남가 대회가 예정되어 있었다. 이 대회를 위해 육개월 여를 나름 갈고 닦았다. 그런데 일정이 갑자기 변경되면서 부산에서 열리는 '2025 하반기 문학고을 한마음 워크숍' 과 겹치고 말았다. 잠깐의 갈등은 있었지만, 길거나 깊지는 않았다.

문학고을 워크숍.

한동안 뵙지 못했던 문인들이 모인다. 그들의 이름을 떠올리는 일만으로도 어느새 마음 한쪽이 움직이는 건 당연했다. 오래된 인연과 문학의 향기가 사람을 부르는 힘은 늘 조용하면서도 단단하다.

차를 몰고 집을 나설 때만 해도 길은 가벼울 줄 알았다. 그런데 기대는 오래가지 않았다. 두 시간여를 달려 광양을 지날 무렵, 도로는 갑자기 정체의 강물처럼 움직임을 멈추었다. 내비게이션 화면에는 붉은 선이 굵게 칠해졌고, 예상 도착 시간은 매 순간 뒤로 밀렸다.

처음에는 바쁜 일상에서 잠시 떨어져 있다는 사실만으

로도 여유가 있었다. 그러나 움직이지 않는 차 안에 오래 머물다 보니, 설렘은 조금씩 마모되고 짜증이 그 자리를 채웠다. 차창 밖의 풍경은 가을빛으로 한껏 무르익었지만, 마음은 점점 바삭해져 갔다.

'굳이 부산까지 가야 하나, 그냥 함평에 남았다면 편했을 텐데.'

길이 막히면 생각도 함께 막힌다. 도로 위에서 사람의 마음은 쉽게 휘청이고, 작은 선택 하나도 금세 후회로 번진다. 그런데도 불안정한 고민이 길게 이어지지 않는 이유는, 어딘가에서 길이 다시 열릴 것이라는 희미한 기대 때문일 것이다.

오후를 훌쩍 넘어서야 정체는 조금씩 풀렸다. 부산의 고르지 못한 바다 바람이 차창을 스치고, 연둣빛 간판과 지친 신호등이 뒤섞이자 마음은 오히려 풀렸다. 늦긴 했지만, 늦었기 때문에 가까워지는 인연도 있다는 생각이 들었다.

워크숍 장소인 '아르피나'로 들어서자, 호남지부장의 환한 표정이 나를 반겼다.

"고생 많으셨습니다."

"제가 많이 늦었지요?"

악수를 나누던 순간, 밀렸던 길 위에서의 모든 짜증이

소리 없이 사라졌다. 사람의 온기는 언제나 길보다 빠르게 마음을 도착하게 한다.

여행이란 결국, '어디로 가는가' 보다 '누구에게 가는가' 의 문제라는 생각이 나를 한껏 성장시켰다.

막혔던 길 위에서 나는 스스로를 조금 알았고, 도착 후의 만남에서 사람의 따뜻함을 다시 배웠다.

부산은 오래 남을 여행이었다.

마음이 한 번 흔들리고 다시 다잡히는 과정 자체가 영화의 한 장면처럼 굴곡을 품고 있었기 때문이다.

길은, 때로 사람을 멈춰 세우지만, 만남은 결국 사람을 다시 걷게 한다.

김병종 시인 (필명 : 장우(章牛)

1965년 전남 고흥 출생
문학고을 신인문학상 수상
문학고을 등단 시 등단
문학고을 우수작가상
문학고을 자문위원
문학동인 '자미' 회원
함평문인협회 사무국장
저서)
청소년 장편소설 "빼앗긴 오월"
그림동화(전자) "하늘로 날아간 초록 꿈"
"눈덩이가 된 초록이의 말"
시집 - 씁씁, 어줍잖기는

동상 안정선 시인_ 디카시부문

| 딧불이 엘리지

무주, 상주 죄다 비우고
부산에 떼로 모였다

오늘밤 눈만 내리면
이룰 수 있을까

형설지공螢雪之功의 꿈

안정선 시인

전) 서울중등학교 교장
현) 물오름극단 배우, 발명늘봄강사
아동문학사조 동시조 신인문학상(2023)
사)어린이문화진흥회 부이사장
아동문학사조 부회장
한국디카시인협회 서울중랑지회 부회장
한국문인협회 회원, 송파문인협회 이사
문학고을 신인문학상 수상
문학고을 등단 디카시 부문

겨울 방문을 열며

바람의 손끝에 실려
조바롭게
내게 오던 너

붉은 것 노란 것
남김없이 내어주며
마지막 한 장까지
모두 건넨 네 자존심

발끝 아래
조용히
며칠 새에 신음하던
널 두고 온 나

겨울 방문을 열며
재회를 갈망해
어김없이 널 다시
따뜻이 덮는다

휘령(輝鈴) 박미순 시인

1972년 여주 출생
동남보건대학교 임상병리학과 학사
아주대학교 공학대학원 화학생물공학과
생물공학석사
한서대학교 보건대학원 보건학 박사
(현) 케이씨엘의료재단 병리과 부서장
임상병리사 (MT)
국내세포병리사 (KAC)
국제세포병리사 (IAC)
문학고을 신인문학상 수상
문학고을 등단 시 부문 (77회 1차)
(전) GC 녹십자의료재단 병리과
(전) 아주대학교 의료원 병리과
(전) 동남보건대학교 임상병리학과 외래교수
(전) 혜전대학교 임상병리학과 외래교수
(전) 한서대학교 피부미용학과 외래교수
(전) 한서대학교 방사선학과 외래

이어령을 다시 읽는다 – 인간, 언어, 생명, 그리고 질문의 인문학

김선규

이어령을 논하는 일은 곧 한국 인문학의 한 축을 더듬는 일이다. 그는 문학평론가였고, 사상가였으며, 언어와 삶, 종교와 기술, 죽음과 생명까지 아우른 거대한 질문자였다. 누군가는 그를 "한국 인문학의 최초의 두뇌"라 불렀고, 누군가는 "시대를 읽어내고 다음 시대를 예언하던 예지자"라 말했다. 한국 사회가 근대에서 탈근대로 넘어가는 전환기의 복판에서 이어령은 한 손으로는 언어를 분석하고, 다른 한 손으로는 삶을 해석하며, 마지막 남은 한 손으로는 미래를 예측했다.

이어령의 글은 단순한 비평을 넘어선다. 그는 문학을 삶의 언어로, 인간을 사건의 주체로, 사유를 미래의 발화로 끌어올렸다. 무엇보다 그는 "질문하는 인간"을 믿었던 사상가였다. 그는 대답보다 질문이 먼저이고, 해답보다 사유가 깊다고 보았다. 이 컬럼은 그를 기리는 기록이 아니라, 그가 남긴 질문의 잔향을 따라가는 일이다.

1. 언어와 인간— 문자 이전의 말, 말 이전의 마음

이어령 인문학의 중심에는 늘 언어와 인간의 관계가 있다. 언어는 단순한 도구가 아니라 인간 존재의 흔적이며, 세계를 인식하는 창이라고 그는 보았다. 그는 한글을 이야기하면서 "문자는 민족의 사고방식을 담는 그릇"이라 했다. 한글은 직선적이면서도 곡선적인 유기성을 갖고 있고, 이는 한국인의 정서적 유연성과 맞닿아 있다고 보았다.

그에게서 언어는 곧 생명이다. 태아가 울음소리를 내는 순간 인간은 언어로 첫 숨을 쉰다. 그 울음은 '말 이전의 말' 이고, '의식 이전의 의식' 이다. 이어령은 여기서 질문한다.

〉우리는 태어나기 전에도 이미 누군가의 말 속에서 자라나는 것이 아닌가?

〉우리는 언어를 발명했는가, 아니면 언어가 우리를 길러냈는가?

그의 사유는 역방향으로 흐른다. 문자는 말의 결과가 아니라 말의 흔적이며, 말은 마음의 그림자다. 이어령의 언어학적 인문학은 우리에게 묻는다. "말을 하기 전에 우리는 무엇을 느끼는가?" 그 질문은 문학이 지향해야 할 가장 근원의 자리 – 감정과 존재의 지층을 향한다.

2. 인간과 문명 — 기술 속의 영혼을 보려 했던 사유

이어령은 기술과 영성, 미래와 종교를 동시에 얘기한 보기 드문 사상가다. 그는 컴퓨터가 종이를 대체하는 시대가 오리라 말했고, 인터넷 공간에서 새로운 공동체가 생겨날 것이며, 인공지능이 인간의 언어를 모사할 것이라 보았다. 그러나 그의 관심은 기술 그 자체에 있지 않았다. 늘 질문의 초점은 동일했다.

〉기술은 인간을 확장시키는가, 아니면 비워내는가?

〉속도는 지혜를 이길 수 있는가?

〉정보는 감정을 대체할 수 있는가?

그는 인간이 기술에 기대어 더 빨리 데려다주는 '도구의 시대' 를 지나, 인간의 내면과 감각을 재발견하는 '감성의 시대' 로 이동해야 한다고 보았다. 기계가 계산할 수 없는 것, 알고리즘이 모방할 수 없는 것 – 그것이 인간의 존엄이며 문학의 고유성이라 믿었다.

이어령의 문명론은 미래를 두려움보다 가능성으로 보게 한다. 그는 인간이 기술 속에서 잃어버린 감각을 되찾고, 언어와 감정의 회로를 복원할 수 있다고 보았다. 바로 그 지점에서 그의 인문학은 단순한 비평이 아닌 교량橋梁의 사유가 된다. 전통과 미래, 신앙과 이성, 아날로그와 디지털을 잇는 다리.

3. 생명과 죽음 — 사유의 마지막 장에 남긴 질문

이어령이 말년에 보여준 사유는 더 뜨겁고 더 조용했다. 그는 죽음을 준비하며 삶을 되묻는 철학자가 되었다. 온몸이 병으로 무너져가는 순간에도 그는 말했다.

〉 나는 지금도 살아 있다는 게 놀랍다.

〉 나를 죽음으로 데려가는 병도 생명의 발현 중 하나다.

죽음을 두려움이 아니라 마지막 생명의 언어로 읽는 시선. 그는 삶의 끝에서 비로소 인간의 본질에 다가섰다. 생명은 단단하지만 동시에 연약하고, 끝이 있지만 또한 순환한다. 이어령에게 죽음은 멸절이 아니라 또 다른 문장의 종결부였다.

그의 사유는 우리에게 묻는다.

〉나는 내 삶의 마지막 문장을 어떻게 쓸 것인가?

그 질문은 무겁고, 따뜻하며, 누구도 대신 답할 수 없다. 이어령의 글은 죽음 이후에도 살아남는다. 그것이 언어의 힘이자 인문학의 역할이다.

4. 이어령 인문학의 핵심 – "질문하는 인간"으로 존재하라

이어령을 한 문장으로 정의한다면 이렇게 말할 수 있다.

〉해답보다 질문을 사랑한 사람.

〉지식을 말하기보다 사유를 움직인 사람.

그는 인문학을 거대한 대답의 창고로 보지 않았다. 오히려 끊임없이 문을 여는 방식, 질문을 세우는 태도로 이해했다. 우리가 그에게 배워야 할 것은 이론이나 업적이 아니라 사유의 자세다.

그의 글은 완전히 닫힌 결론으로 끝나지 않는다. 늘 열린 끝, 여백, 미완. 그는 독자가 그 빈자리를 채우기를 바랐다. 따라서 이어령을 읽는다는 것은 책을 읽는 것이 아니라 질문을 전염 받는 일이다.

5. 이어령 이후, 우리가 남겨야 할 것

이어령은 떠났지만 질문은 남았다. 시대는 여전히 빠르고 기술은 더 똑똑해졌다. 우리는 매일 수천 개의 정보를 스쳐 지나가지만, 정작 한 가지 질문을 깊게 붙잡지 못한다. 그렇다면 지금 이 시대에 이어령을 읽는 이유는 무엇인가?

그는 우리에게 말한다.

"대답을 찾지 말라. 질문을 잃지 말라."

인문학은 답을 가르치지 않는다.

인문학은 어떻게 질문할 것인가를 가르친다.

이어령이 남긴 사유의 불씨는 지금 이 글을 읽는 당신 안에서 다시 타오를 수 있다. 그의 질문이 당신의 질문이 되고, 그 질문이 또 다른 글과 삶을 만들어 낸다면– 이어령은 여전히 살아 있다.

그리고 우리는 오늘도 묻는다.

〉 나는 어떤 질문을 가진 인간으로 살 것인가?

〉 나는 어떤 언어로 세계를 다시 말할 것인가?

그것이 우리가 이어령을 읽는 이유이다.

담현澹弦 김선규 시인

중앙대학교 예술대학원 산업디자인학과 석사 졸업
인덕대학교 디지털산업디자인학과 겸임교수, LG전자(주) 디자인경영센터 책임연구원, 문학고을 총괄본부장, 문학고을 등단 심사위원 (디카시 부문)
대한민국디자인전람회 초대디자이너 및 심사위원, 대한민국우수디자인 심사위원
한국산업기술기획평가원(Keit) 심사위원, 한국강사교육진흥원 수석위원 및 강사
한국미래융합연구원(KIFC) 회원

〈주요수상〉

제3회 문학고을 청목문학상 (작가대상), 2025. 제1회 평택디카시공모전 입선 2024. 문학의 도시 원주 박경리 디카시 공모전 장려상 제2회 시사불교 신춘문예 우수상 (디카시 부문), 한국디카시 경시대회 1등 작품상 3회수상 (제9회, 제20회, 제21회), 2023 대한민국 디자인대상 대통령상
2023 문학고을 신인문학상, 시 부문 등단, 2022 대한민국 100인 대상 산업디자인부문 우수대상, 2019 세계 3대 디자인상 석권 (독일 IF, 독일reddot, 미국 IDEA), 2019 대한민국 우수디자인 대통령상 (롤러블 TV 디자인), 2011 대한민국 우수디자인 대통령상 (냉장고 디자인)

〈저서〉

『내 안에 꽃으로 핀 그대』 (윤보영 시인학교 10인 공저 시집), 『문학고을 선집 제9집~18집』 (공저 종합문예지), 『발견은 기쁨이다 2』 (공저)
『서울시 고등학교 제품디자인 교과서』 (공저)

이메일 - kimseonkyu@daum.net

현대 사회에서 시인이 지향해야 할 태도와 역할에 관한 고찰

– 라깡 주체론을 기반으로

이지선

오늘날의 시인은 더 이상 고립된 서정의 주체나 순수한 감정의 발화자로 머물 수 없다. 현대 사회는 이미지의 과잉, 정보의 폭주, 감정의 상품화가 일상화된 체제 속에 놓여 있다. 이러한 환경에서 시는 자칫 미적 장식물로 소비되거나 개인의 취향에 따라 파편화된 언어로 해체되기 쉽다. 이와 같은 조건 속에서 시인이 취해야 할 태도는 단순히 언어의 아름다움을 수호하는 자세가 아닌 언어가 붕괴하는 장면을 직시하는 존재론적 감각이다. 즉, 시인은 세계가 기호화되고 대상화되는 과정에서 배제되는 것들을 말할 수 없고 분류되지 않고 포착되지 않는 실재의 조각들을 포착해 내는 자리에 서야 한다.

"라깡이 말했듯이 주체는 기표의 잔여일 뿐이다. 시인은 바로 그 잔여가 언어로 진동하는 자리에서 탄생한다."

라깡의 정신분석학에서 주체는 이미 완전한 실체가 아

니다. 결핍과 균열을 내포한 구조적 존재다. 그렇다면 현대 사회에서의 시인은 자신의 경험이나 정서를 투명하게 재현하는 존재인가? 라는 질문을 받는다. 시인은 자신 내부의 결여를 인식하고 그 결여를 언어의 장 속에서 드러내는 자인 '분열된 주체의 증언자' 라 할 수 있다. 시인은 완전한 의미를 제공하는 자로서의 기능을 하지 않고 기성의 의미 체계를 불편하게 흔드는 자이자 누구도 말하지 않는 공백과 과잉을 언어의 표면 위에 자리하게 하는 자이다.

동시에 시인은 상징계의 질서에 자신을 종속시키지 않는 감각을 지녀야 한다. 현대세계는 생산성과 효율을 기준으로 인간의 언어와 감정을 측정하려 하지만, 시인은 그러한 기준에서 가장 멀리 떨어진 자리에서 존재의 밀도를 탐색한다. 이는 반사회적 태도라기보다는 오히려 사회가 잃어버린 감각인 타자의 고통, 침묵의 무게, 사라져가는 생명의 미세한 울음을 다시 세계에 복귀시키는 행위이다. 시인은 기성의 언어가 압축 · 단순화한 인간 경험의 깊이를 다시 펼쳐 보여주고 세계가 망각한 감각적 · 윤리적 결을 복원하는 존재이다.

그러나 시인은 결코 현실과 단절된 고립된 자아로 남아서는 안 된다. 현대 사회에서 시의 역할은 상상계적 자아의 고백을 반복하는 것이 아니다. 타자와의 관계 속에서 자신의 언어적 위치를 재점검하는 윤리적 행위가 시의 역할이다. 시인은 사회적 · 역사적 조건을 날카롭게 체감하면서도 그 조건에 단순히 반응하거나 복제하는 것에 머무르지 않고 그 조건을 넘어서는 새로운 감각의 가능성, 새로운 기표의 결을 탐색해야 한다. 시인은 사회적 자아와 분열된 무의식적 자아 사이의 경계를 드러내는 존재이며, 그 경계를 언어로서 실험하는 실천자이기 때문이다.

현대 시의 본질이란 세상이 설명되지 않는 지점인 실재가 머무는 틈을 언어로 비추는 것이다. 시인은 그 틈을 외면하지 않고 제 몸과 언어를 그 틈에 가까이 가져가는 태도를 지녀야 한다. 이것은 시인의 고독을 요구하지만, 동시에 그 고독은 타자의 고통에 가장 가까이 닿을 수 있는 자리이기 때문에 윤리적 책임을 동반한다.

이러한 태도를 시인을 고립시키는 것으로 인식하면 안 되고 이러한 태도는 오히려 현대 사회에서 가장 필요한 감각을 되살리는 수행자가 되게 하는 것으로 이해해야 한다. 과잉의 시대일수록 시인은 결여를 말해야 하고 속도의 시대일수록 시인은 정지된 침묵을 견뎌야 하며, 정보의 시대일수록 시인은 언어의 무지를 솔직히 인정해야 한다. 그럴 때 시는 단순한 문학 장르가 아닌 인간이 인간으로 남기 위해 반드시 필요한 인식의 공간이 된다.

오늘의 시인은 화려한 언어를 창조하는 장인이 아닌 세계의 균열을 언어로 기록하는 감각의 증언자이다. 시인이 그 역할을 잃지 않을 때 현대 사회는 비로소 스스로의 내면을 바라보는 윤리적 거울을 다시 얻게 될 것이다.

이지선 시인

2022 문학고을 신인문학상 시부분
2022 문학고을 최우수상
2022 〈모퉁이가 있다〉 시집 출간
2023 부평구문화재단 시소 입주 작가 (창작부분)
2023 연희동 문학창작촌 12월 입주 작가
2023 〈내 마음이 지옥 같아서〉 시집 출간
2023 인천시 신진예술인 시 부분 선정
2024 문학고을 청목문학상 (작가대상) 수상
현) 문학고을 등단 심사위원
시집 〈서평 전문가〉

〈공저〉
2025년 "종합문예지 청목" 인문학 기고
〈저서〉
2024년 신작 환타지 소설 〈서점마계〉 출간
2025년 시작 세 번째 시집 〈흰 달〉 출간

신작시

강 선 희 성 용 군
강 영 란 신 기 순
고 영 재 안 귀 숙
고 용 석 안 찬 호
권 기 영 유 광 식
김 경 곤 유 범 진
김 미 선 유 영 숙
김 분 자 윤 노 식
김 석 환 이 군 호
김 선 순 이 세 미
김 영 련 이 세 종
김 영 철 이 애 리
김 옥 희 이 일 두
김 용 이 정 범
김 유 신 이 지 선
김 익 순 이 현 숙
김 희 숙 임 성 환
노 문 성 임 정 숙
달빛바람 정 석 원
문 경 림 정 석 호
박 미 순 정 선 녀
박 복 선 정 인 수
박 위 업 조 영 애
박 중 신 조 현 덕
박 현 숙 최 근 용
방 성 욱 최 해 영
서 기 선 허 환
서 어 진 홍 계 선

별빛이 쏟아지는 뜰에 서면 외 2편

강선희

어둠이 채 걷히기 전
안뜰로 내려서면
서늘한 바람 사이로
조용히 별빛이 쏟아진다.

검은 바다를 밀어올리듯
부서지는 빛무리들—
고개를 들어 바라본다.

수억 년 전
이곳을 향해 떠난 빛 하나,
이제야 와 닿아
그대의 미소 되어
눈앞에서 찬란히 부서진다.

그 오랜 기다림과 마주하자
말로 다 전하지 못할 떨림이
가느다란 숨결로 속삭인다.

그 속삭임에

조심스레 이름을 불러보면
별 하나
이해한 듯 부드럽게 깜빡인다.

"여기 있다.
오늘도 너의 발걸음 곁에서."

그 순간, 뭉게구름도
소란 없이
별들 곁으로 모여든다.

미소 지으며
별의 손을 잡듯
대문 밖으로 나선다.

아직 열리지 않은 하루가
고요한 빛을 안고
시리도록 맑게 다가온다.

굴 속의 봄 햇살

오랜만의 여유가
물씬한 바다 내음 따라
석화 한 망을 들게 했다.

입맛을 잃은
아흔의 부모님께
따끈한 굴 한 점을 드리면
화사한 봄 햇살처럼
파릇한 생기가 닿을 것 같았다.

거칠고 단단한 껍질 안엔
바다의 시간이
고요히 숨 쉬고,
모락모락 김 사이로
서해의 해풍이
코끝을 어루만졌다.

마지못해 식탁에 앉은 부모님은
몇 알을 오물오물 씹으며
진달래 화전 같은
옅은 미소로 대신하셨다.

그 미소에 겨우겨우
봄기운이 묻어,
내 마음에도 작은 파문이 일었다.

달큰한 조갯살을
형제에게도 나누고 싶어
다시금 천천히 쪄 보았다.

구수한 땀이
솥 가장자리로 맺힐 무렵,
몇 해 전 웃음이
달달한 온기로 피어올랐다.

빈 조개껍데기는
아쉬움이 남아
감나무 아래 조심스레 뿌렸다.
그곳에서,
잔잔한 바다의 노래가
바람결 따라
다시 한 번 들려오기를.

김장의 꽃

뜨거운 여름날,
눈 내리는 겨울을 생각하며
간수가 빠진
뽀얀 소금을 담았다.

김장은
비닐하우스에 배추씨를 심고,
쪽파와 무, 갓과 대파가 자라기 시작할 때
이미 시작된 것이다.

여름의 강렬한 빛만큼
붉고 굵은 고추는
열일곱 소년들의
햇살에 그을린 손끝에서
맵고 알싸한 가루로 피어났다.

서해의 새우, 멸치마저
붉은 기운에 스며
한 몸 되어 켜켜이 안겼다.

김장의 꽃은 수육이다.
혀끝을 맴도는 부드러움으로
여름과 바다가 새겨진다.

풀무골* 삼년이 아쉬운 걸까,
아낀 소금 탓인지
다시 살아난 푸른빛은
밭으로 도망갈 태세다.

어찌 다 만족하랴.
서운함에 소금 한 줌 뿌리고,
고마움도 함께 얹어서
김치통을 붉은 꽃으로 가득 채웠다.

모든 재료가 한데 어우러져
맛있는 김치로 태어나듯,
크고 작은 꿈 또한
제철의 빛으로 피어날 것이다.

* 풀무골: 풀무학교에서의 학교생활을 의미함.

강선희(홍주빛) 시인

충남 홍성 출생.
글을 통해 자신과 세계를 연결하고자
오랫동안 삶의 언저리를 기록해왔다.
2025년 《문학고을》 신인상으로 시 부문 등단.
브런치스토리에서 작가로 활동 중이다.

첫눈 외 2편

강영란

첫눈이 내린다.
소나기처럼 사랑이 내린다.
앙상한 가지에 새하얀 꽃이 피어난다.
칙칙하게 말라버린 들풀도
따뜻한 이불을 덮고
행복한 꿈을 꾼다.

첫눈을 세례처럼 맞으며
한 해를 함께해 주신
하늘의 계신 아버지께
감사한다.

온 세상을 하얗게 덮은
하나님의 사랑을 보며
너무나 작은 나를 생각한다.

겨울밤길

늦은 귀갓길
별들도 구름을 덮고 잠든 밤
얼굴을 때리는 찬바람도
친구가 된다.

얼얼한 바람의 말을
마음으로 받으며
겨울과 친구가 된다.

멀리서 등불이 손을 흔들면
바람에게 웃으며
손을 내민다,
추운 밤길
고마웠다고.

도서관 가는 길

추운 아침
도서관 가는 길에
엄마가 보낸 마음이
하늘에서 반짝였다.
가방에
꿈을 가득 채우고
오르는 길,
엄마가 보낸 햇살이
웅크린 어깨를
따뜻하게 감싸주었다.

강영란 시인, 수필가

순천대학교 영어교육과
목포대학교 대학원 석사 (국어교육)
광주교육대 대학원 석사 (초등국어교육)
교육부장관 표창(2019년)
광주대 문예창작학과 박사 졸업
문학고을 신인문학상 동시 및 수필 부문 등단
제4회 청목문학상 (작가대상) 수상.
'문학고을 선집 제10집~19집' (종합문예지) 참여.
현재 초등학교 교사

아버지의 강江 외 2편

고영재

아버지, 당신은 강江이었다.
조용히 흐르면서도
언제나 강한 물줄기로
우리의 길을 열어주었다.

바위에 부딪혀도
굽힘 없이 흐르고,
가뭄에도 마르지 않는
그 깊은 여정旅程.

삶의 무게를 짊어진 어깨는
비바람 속에서도 흔들리지 않았고,
당신의 눈빛은
우리에게 늘 꿈을 주었다.

힘들다는 말을 삼키고
언제나 묵묵히 걸어가던 뒷모습.
그 길은 이제
우리가 따라가야 할 길이 되었다.

아버지, 당신의 길은
거침없이 흐르는 강江이고,
사랑으로 물들은 흔적이기에
그 흐름의 강江을 따라
살아가는 이유를 배운다.

요술쟁이 아내妻

아내妻는 마법魔法을 부린다.
눈빛 하나로 세상을 환하게 밝히고,
작은 미소가 내 마음을 녹여
어떤 어두운 구름도 사라지게 만든다.

아내妻여,
그대는 나에게 행복幸福의 마법사魔法師.
세상 모든 고통을 잊게 하고,
순간의 어둠도 빛으로 밝힌다.
그대의 웃음은
가장 깊은 울림을 주는
감동感動의 서사시敍事詩.
어디를 가던, 무엇을 하던
그대가 있는 곳에는 사람 냄새가 난다.

그대의 말 한마디에
세상 모든 근심이 사라지고,
그대의 미소微笑만으로도
내 하루가 깔끔해진다.

아내여,

그대는 진정한 요술쟁이.
내가 무엇을 원하던
그대의 손끝에서 이루어내고,
어떤 슬픔도 그대의 품에서
따뜻하게 변하게 하는 그대는,
내게 세상 가장 소중한 선물이며
행복幸福의 열쇠임을 고백告白한다.

루아鏤婀를 위한 시詩

루아鏤婀야,
너는 우리 가정의 밝은 별,
모두의 가슴 속에서 빛나는 뜨거운 태양.
너의 웃음 하나로 세상이 환해지고
그 순진한 마음이 온 이웃을 녹인다.

손녀孫女라는 존재存在로
사랑과 정情을 담는 익숙함이
우리를 움직이지만,
너는 그 어떤 존재보다도
특별함을 뽐낸다.

너의 맑은 눈빛 속에
우리 모두의 꿈이 잠겨있고,
너의 고사리 같은 손에
가족의 소망所望이 담겨있다.

루아鏤婀야,
너는 매 순간 우리를 웃게 하고
살아가야 하는 이유를 던져,

끊임없는 도전挑戰과 힘을 보태며
무릎 꿇고 기도祈禱하는 모습에서
우리 모두를 놀라게 한다.

이제 내가 걸어갈 길 위에
하나님의 축복祝福과 보살피심이
떠나지 않고 동행同行하며,
모든 순간마다 사랑과 기쁨이 넘쳐나
보물 같은 손녀孫女가 되어주길 응원應援한다.

아솔(峨帥) 고영재 高榮在 시인

57년 경남 함양 출생
경남대 교육대학원 국어교육학과 졸업
및 서남대 대학원 국어국문학과 박사과정 수료
육군 기갑장교로 군복무(예비역 육군소령)
경남교육청 공립 중등학교 국어과 교사역임
경기교육청 공립 중등학교 국어과 교사역임
현) 대한예수교 장로회 구하리교회 협동장로
현) 에이스코아 관리단 대표
문학고을 신인문학상 수상
문학고을 등단 시 부문
문학고을 최우수 작가상
공저
문학고을 '종합문예지 청목' 다수

紅酒(꽃단풍) 외 2편

고용석

얼큰하게 취하는
계절 입니다.
紅酒(꽃단풍)에
푸욱 빠졌습니다.
먼 산 알록달록
달콤한 붉은 향내가
은은히 내려 앉았습니다.
흥에 겨워 멋들어지게
한잔 마시고 사뿐사뿐
춤사위를 선보였습니다.
가을 햇살이 내어준
紅酒(꽃단풍) 한잔에
맛을 음미하며
뉘엇뉘엇 산마루에
걸터 앉아
紅酒(꽃단풍)에 빠져
취해 버렸습니다.

산사

고즈넉한 산사
청아하게 들려오는
풍경소리
사색에 잠겨본다.
가을 햇살이
곱게 내려 앉은
메마른 나뭇 가지엔 ,
붉게 타다
남은 잎새 마다
가는 세월을
아쉬워 한다.
찬바람이
온몸을 휘감아
정신을
가다듬고 보니,
청솔모 한마리
떨어진
도토리 열매를
주우려 애 쓴다.
해는 뉘엿뉘엿
산마루에 걸터 앉아

붉게 물들고
차 한 모금 입에 머금고
툭 툭 털고 일어나
못내 아쉬움만
남겨 놓았다.

아기 단풍 잎새

아기 단풍 잎새 마다
곱게 물들었네!
밤사이
새근새근
곤히 잠든
아가 손에
봉숭아꽃 물들이듯
곱고 어여쁘게
물들여 놓았네!
엄만 사랑으로
날 어여쁘게
꽃 단장 시켜 주었네,

아기 단풍 잎새 마다
곱게 물들었네!
햇살 아래 어여쁘게
손짓하고
달빛 아래 어여쁘게
날개짓 하고
가로등 불빛 아래

어여쁘게 춤을 추네!

아기 단풍 잎새마다
곱게 물들었네!
바람에 인사를 건네듯
살랑거리며
손짓을 하네,
아기 단풍 잎새마다
그리움과 설레임이
하나 되어 열정이
붉게 타오르네…

고용석 시인(필명 햇빛 햇살)

67년 청주 거주
선린상고 졸업
문학고을 신인문학상 수상
시 부문 등단
제 79회 2차 공모 당선

묘비 외 2편

권기영

아장아장 다가오는 노란 개나리에
한 잎 한 잎 머무는 따뜻한 눈길
그래 너는 어디서 왔을까

잠자는 손주 부채질하는
투박한 할애비 손에 묻은
애틋한 다정함에 숨이 고르고

어깨에 툭 떨어진 낙엽이
어쩐지 말 거는 것 같아 서서
삶을 비운 노고에 문상하다가

다시 하얗게 칠한 마음 닿으면
이게 사는 거였네! 빙긋 미소 머금고
그래 나도 괜찮았어. 그렇지?

시인의 눈썹에 계절이 살다 갔으니

별아

비가 톡톡톡 떨어지는 날엔
낚시 장비를 꺼내 들고
가장 높은 지붕으로 올라간다

짙은 자줏빛 밤이 오면
더 깊어지는 하늘
비를 덜 짜낸 구름 사이로
낚싯줄을 던진다

낚싯바늘에 마음 걸어
두 번째 던졌을 때
별 하나 바늘에 걸리면

온통 마음 향한 곳이
바로 너였구나 별아
반짝 눈 들어 끄덕여준다

아침이 오기 전 나의 별
더 먼 곳으로 던져줄 테니
기다려도 기다려도 허망하게

꼭꼭 감추고 살아

그렇게 살아 별아

낙엽의 꿈

바스락바스락
나무 손 놓은 낙엽
봄씨앗 꿈을 꾼대

부러 혹독한 겨울
찬 입김에 스러져
죽음의 세월 보내고

아랑곳 봄 씨앗
새에게 내주고
바람에 날려도

어느새 어른 나무
하나쯤은 남기는
소중한 그런 꿈

권기영 시인

2008-2013
/ ㈜아이북랜드 / 그림책, 독서, 논술 교사
2021-2025.7 / 경험플러스 연구소 대표 / 교육프로그램기획.진행
2025.7-현재 / 경험플레어 대표 /
교육프로그램 기획, 진행
그림책 마음 챙김 프로그램
학사 : 교육학, 국문학 / 석사 : 상담심리학 /
kittaengi@hanmail.net
숭실대학교 대학원 박사과정 중 : 평생교육학
문학고을 신인문학상 수상
문학고을 등단 시 부문
공저
문학고을 '종합문예지 청목' 다수 참여

우슬초 외 2편

김경곤

이제 나도 늙었나 보네요
관절이 저리고
여기저기 쑤신 후에야
너의 존재를 알았고

이제 나도 나이 들었나 보네요
죄의 자국을 많이 남겨서
가슴이 쓰라린 후에야
너의 의미를 알았으니

이제야 알았어요, 너와 나의 차이를
너의 이름은 쓰인 후에 지어졌고
나의 이름은 그리 쓰이도록 지었다는 것을

이제야 조금 알겠어요
늙는다는 의미를
또,
나의 존재 이유를…

삶의 관문

사춘기는 성장의 파도
춘풍의 회오리가 먹구름을 헤치고
기운차게 내면을 숙성시킨다

권태기는 식은 찻잔
태태棣棣하게 마음의 고삐를 잡으면
기적처럼 연연娟娟히 피어오른다

갱년기는 몸의 계절
년수가 차올라 냉온탕을 수시로 드나들며
기탄없이 삽질한다, 이 또한 지나가리

우림과 둠빔

이런저런 이유를 핑계로
한 걸음 뒤에 서서
바람이 흐르는 대로
시간이 이끄는 대로
난 떠다니는 부유물

지금도 난 귀머거리 양처럼
어느 목자의 음성에도
그냥 스치며 지나갈 뿐

언제부터인지
꿈으로도
세미한 음성으로도
우림과 둠빔으로도
내게 닿지 않는 메시지

나 다시 돌아가리
은총의 손을 거두기 전에
우림과 둠빔이 있는 곳으로

청곡(靑鵠) 김경곤

땜장이 시인
경북 의성 출생
금오공고 전자과 졸
한국방송통신대학교 국어국문학과 졸
현, 케이3테크(K3테크) 대표
문학고을 신인문학상 시 부문 수상

공동저서
〈문학고을선집 제13집, 제15호, 제16호〉, 문학고을출판사, 2024.
〈문학고을선집 제18호, 제20호〉, 문학고을출판사, 2025.

개인시집
〈청곡靑鵠 제1시집 시절여행 김경곤〉, 도서출판 명성서림, 2025.
E-mail: k3tech@naver.com

사무실 밤 풍경 외 2편

김미선

온종일 인애 씨 손목을 감싸던 초록이는 오늘도
퇴근한 인애 씨 책상의 탁상 거울에 기대앉아
두고 간 카페라테 향을 맡으며 야근을 한다

타닥타닥 키보드 두드리는 소리
투닥투닥 창문 두드리는 빗소리
누가 보아도 야근 중이다

발코니 창에 달라붙어 헐레벌떡 헉헉
여섯 개의 발, 여섯 개의 출근 카드를 쑥 디미는 날벌레
삑, 지각한 이에게는 열리지 않는다

초침은 취객처럼 앞으로 갔다 뒤로 갔다 하고
초록이의 고개는 기울대로 기울었다
졸다가 깬 초록이의 넋두리, 아무래도 내일 또 야근이다

금연 표지판

– 부제: 반항 그러니까 규범을 넘어서

노스모킹, 비뚤어진 스모킹
카페 화장실 벽 빨간색 노스모킹
호기심 가득한 알바생이 하려던 것은
스모킹일까, 노스모킹일까?
흩어진 연기는 차가운 공기 속에 스며들어 No를 지워내고
내기 거리로 변한 손님들의 시선 속에
한 개비, 빨간 엑스 그려 넣으면
그제야 노스모킹이 완성되는 걸까?
엑스표의 담배는 끝끝내 잊혀지고,
동그라미가 가리키는 스티커는
노스모킹이었던 것은 아닐까?
화장실은 비워 내려고 들어가는 장소였으므로
No는 기울어지고,
동그라미로 부인하던 엑스 표를 주머니에 찔러 넣고
입에서 스모킹이 피어 오르네. 스모킹, 스모킹
그 연기 속에 숨겨진 비밀들, 피지요, 피시요, 피지 마시오.
비뚤어진 스모킹, 이제는 잊혀지길 바라는 마음

꼬깃꼬깃 엄마의 마음

학교 다녀오겠습니다. 세 딸의 등굣길 인사
우산은 두 개뿐, 큰딸과 눈이 마주친 엄마의 바느질하는 손이 바빠진다.
큰딸은 자전거 타고 간다며 먼저 핑 나갔다.
두 개의 우산도, 세 딸도 학교에 갔다.
엄마의 몸빼 봉창에는 구겨진 지폐 한 장,
저녁 찬거리를 사야 하는데
큰딸 생각에 마음은 더욱 꼬깃꼬깃해진다.
장터 우산 장수 우산 통에는 두 개의 우산이 남아 있었지만
어물쩡어물쩡 늦은 걸음에 그새 통에는 하나뿐인 우산.
우산 통을 바라보며 생각이 많다, 어찌해야 할까.
돌아서는 발걸음마다 엄마는 눈물 웅덩이 만들어 놓고,
삐쳐 등교한 큰딸 생각에 첨벙첨벙 무거운 발걸음 이어지고
내일도 굵은 비가 내린다는 일기예보가 귓전을 맴돈다.
엄마의 마음속에는 딸들의 웃음과 걱정이 뒤섞여
떨어지는 빗방울에 발걸음은 돌덩이를 둘러메고 걷는 듯하다.
휙 돌아서 달리는 엄마는 헉헉 숨이 정수리까지 차올랐다.
덥석 우산을 낚아채고는 꼬깃한 돈을 건네는 엄마는 아직도 숨차다.

우산을 어깨에 걸치고 걷는 발걸음엔 흥얼흥얼 노래가 섞여 있다.

김미선(金美善) 시인

68년생 충남 부여 출생
광주광역시 거주
(신화건기)건설기계사업자 관리사업
문학고을 신인문학상 수상
문학고을 등단 시 부문

함께 걷는 빛으로 외 2편

김분자

나의 오래 묵은 친구들아
수많은 계절을 건너
또 한 번의 가을을 맞이하는 오늘이 설렌다.

함께였던 그날들
어둔 길을 더듬던 밤엔 서로의 불빛이 되어 주었고
태양빛이 강렬한 자갈길을 맨발로 걸을 때엔
꽃잎 되어 부드럽게 식혀주었다.

바스락거리는 낙엽 밟으며
우리의 사연을 흩뿌려 넣던 시간들,
눈물 한 줌, 웃음 한 줌을 나누던 어제가
어느새 오늘이 되어
가을바람에 친구들의 향기를 품어 본다.

너희가 있어
내 내면의 깊은 호수는 잔잔한 빛으로 넘치며
그 빛은 내가 품은 이쁜 돼지 저금통이 되고

차갑게 흔들리는 계절에도

경이, 분이, 숙이, 은아, 진아, 옥이라는
이름으로 묶인 내 마음은
세상을 맞이하는 구들막이 된다.

흘러온 우리들의 세월은
말로 다 담기 어려운 빛깔을 품고
그 빛 속에는 우리의 우정이 깊은 계절이 되어
작은 시로 흐르고 강물처럼 멀리멀리 이어진다.

내일의 바람도 우리를 시샘하지 못하고
세월은 지우개가 없어 지워 내지 못하니,
이제는 더욱 깊고 서정적인 빛깔로 살아내며
손잡은 온기로, 때로는 차가운 빙판길도 ,
또 어떤 날엔 포근한 눈을 맞으며
그 해 겨울에도 함께 걸어가자.

오래오래.

기적이 숨 쉬는 자리

태반이 자궁경부를 완전히 덮은,
생과 사의 경계 위에서
열 달의 시간을 비스듬이 세운 침상 위에 눕힌다.

의사놀이처럼 청진기를 수없이 귀에 대고
작은 심장의 떨림을 들으며
큰 심장은 바람 빠진 풍선처럼 쪼그라든다.

가끔 들려오는 앰뷸런스의 울음소리는
먼지 날리며 거리를 달려가는 무법자처럼
날뛰며 울부짖는다.

깊은 가을밤,
별이 쏟아지는 하늘 아래
폭죽처럼 터져 나오는 아기의 울음소리와 함께
분홍빛 탯줄을 자른다.

꽃보다 향기롭고,
별처럼 빛나고,
달처럼 덩실한 작고 애린 심장을

떨리는 손끝으로 허겁지겁 더듬는다.

기적이 숨 쉬는 여기에.

5시 40분

5시 40분 첫차.
전철 안에는 하루를 짊어진
검고 희끗한 백팩들만이
서로 부딪히며 미간까지 밀친다.

걱정 한 줌 구겨 넣고,
파스 냄새 숨겨 넣고,
희망 한 줌도 슬쩍 밀어 넣은 채로.

소 등에 매달린 쟁기처럼
무거운 바퀴는 졸던 파리떼
잠꼬대처럼 윙윙거리며 굴러간다.

볏짚 같은 무표정,
축 처진 소풀 같은 몸,
심장을 애태우는 느린 맥박이
남은 종착을 향해
야금야금 시간을 먹는다.

구석진 그곳에만 젊은이 둘.

하나는 창밖을 응시하고,
하나는 화면 속에 고개를 묻는다.

새벽 첫차에는
청춘의 의자가 없었다.

김분자 시인

사회체육지도자 & 노인체조지도자
스포츠 강사 & 체육관장 역임 (20년)
한양사이버대학교 심리학과 졸업
심혈관 병원 검사 결과 상담
웰빙, 웰다잉, 다이어트 상담
아시아 뷰티 퀸 / 시니어 모델 금상
월드 뷰티 퀸 / 골드 클래스 우수상
문학고을 신인문학상 수상
문학고을 등단 시 부문

억새 외 2편

김석환

영하로 떨어진 겨울날
백발노인 하얀 머리
봄 여름 가을 지나간 흔적
한 장 남은 달력 공허함
자연의 순리에 따라
오늘도 해가 솟아올랐네
하얀 눈이 내리면 백발노인은
자연으로 돌아갈 때가 되었음을
하얀 그림자로 직감한다

아가야 나들이 가자

아가야 나들이 가자
아지랑이가 눈웃음치는
들녘으로 아장아장 걸어가자

엄마 품처럼 따뜻한 햇살이 비치는
푸른 평원으로
아가야 손잡고 나들이 가자

삶의 향이 산들산들 피어나는
광야의 꽃동산으로
아가야 힘차게 뛰어가자

발길 따라 세월 따라

새벽닭 울음소리 활개 치는 소리에
화들짝 청춘의 장막이 열리고
뭉게구름 솜사탕
부는 바람에 점점 멀어져 가네

방울방울 흘린 땀방울
맑은 물 파란 호수가 되었고
첨벙첨벙 돌아가는 물레방아
소나무가 휘어져 가고 있네

희로애락 수많은 인연
거미줄 같은 우리들의 인생
활활 타오른 장작더미
청춘의 한마당 신명 나게 놀다 가네

새날 새 아침 태양이 떠오르면
발길 따라 세월 따라
들꽃처럼 구름처럼
한 세월을 보내렵니다

김석환 시인

원광대학교 생물교육과 졸업
전) 전북특별자치도교육청 공무원(행정직)
문학고을 신인문학상 수상
문학고을 등단 시 부문
공저
'종합문예지 청목' 참여

너에게 다녀오는 길 외 2편

김선순

오늘 하루
다른 누구도 아닌
너에게 다녀오는 길

말없이 엎드려 있는 마음 하나
그 옆에 조용히 앉아
한참을 바라보았지

무엇이 그리 아팠는지
왜 그렇게 지쳤는지

답을 찾으려 하지 않고
그저 옆에 있어주었어
말을 걸기보다
숨결에 맞춰 숨을 쉬어가며

조금씩 놓아지던 어깨의 무게
살며시 떨리던 눈빛
그 작은 신호들이
나를 받아들이는 방식이었다는 것을

돌아오는 길,
내 안 어딘가가
조금 따뜻해지고 있었지

마치
오래 잠들어 있던 작은 아이가
살며시 이불을 걷고
고요히 얼굴을 내미는 것처럼

울지 않아도

울지 않아도
슬플 수 있고

말하지 않아도
상처일 수 있다

누구에게도 보일 수 없어
더 깊게 새겨진 마음들

그 순간 꺼내어
햇빛으로 말려보는 날

다정히 껴안을 수 있더라

그러니 너는

꽃이 진 자리까지도
한 철이었다 말할 수 있기를

젖은 구름처럼
가라앉은 마음 끌고 다녀도

괜찮다고
붉게 물들지 못한 저녁도
그 나름의 이유로
빛을 거두듯이

괜찮다, 괜찮다
네가 너에게
건넬 수 있다면

길을 잃은 발자국 위로
조용히 돋는
새싹 하나

너는

다시 시작될 수 있는 존재라는 것

어제의 어둠도
오늘의 망설임도
다 품은 채
피어날 수 있다는 것

아무것도 하지 않아도
충분히 살아내고 있는
너라는 이유만으로

김선순 시인

시치료전문가·독서치료사. 문학고을 시부문 등단(2023),
나루문학 신인상(2015), 동서문학상 아동문학부문 맥심상(2015·2022),
문학고을 최우수작가상, 청목문학대상(2023), 2024년 당진 올해의 문학인,
2025년 충남문학인 선정.
저서 『오직 엄마』(2020), 『안부』(2024),
공동치유시집 삼행시집 『꽃이 피었습니다』(2024) 외 공저 다수

어머니의 삶 외 2편

김영련

서러움도 잠깐이고
슬픔도 잠깐이란다
석양빛을 두고 지는 해는
내일이면 다시 뜰 것이며
푸르름을 뽐내던
오뉴 월 초목 또한
내년을 준비하고

점심 한 끼 때우겠다
찢어진 삼배 천 주먹밥
소나무 끝에 걸어두고
첫 서리 내리기 전
메주콩 걷는다고
이리 뛰고 저리 뛰던 어머니

오는 길 멀다 않고
살아온 세월
얼마나 고뇌하며
울었을까
없는 길 찾는 게

인생이라 하시더니
왔던 길 돌아보니
아득하구려

우리의 오늘

산천은 말이 없고
흐르는 물은 도도하다
문간채 작은 창문
문풍지 소리 내어 울 때에
뉘네 집 개 짖는 소리
이렇게도 시끄러울까

기다리던 봄의 길목에서
미친 듯 부는 바람
휘몰아치는 광풍 속에
화마는 춤을 추고

옷고름 뜯긴 줄 모르고
가슴팍 드러낸 아낙처럼
네가 올래 내가 올래
광기 어린 싸움질에
백여 년 일궈온 금수강산
여기저기 이 꼴이요

자목련 백목련
어설픈 꽃피웠으나

잎을 두고 먼저와
가슴앓이 하다가
보름 못 가 꽃잎 떨구고
허망하여
먼 산 바라보며 넋두리하네
같이 못 온 사연 묻지를 마소

겨울 강가

어스름 석양빛은
오봉산을 뒤로하고
그늘 드리워 어둠발 내려앉은
겨울 강가에
여울목 뱃석거리
찬바람 불어오고
흐르는 강물 소리
차갑게만 느끼는데
매어 있는 나룻배는
출렁이는 강바람에
뱃전을 내맡기고
찬바람에 춤을 추며
튀는 물방울로
얼음꽃을 피우누나

그러나 봄이 오면
진달래 짙게 피고
널려진 호박돌 사이
아지랑이 피어 오르면
못생긴 종달새도

높이 높이 올라가
먼 훗날 아름다운
목소리로
환희의 연가를 부르리라

김영련 시인

50년 출생 송파 거주
프리랜서 작가
문학고을 신인문학상 수상
문학고을 등단 시 부문
공저
'종합문예지 청목'

마음 주머니 외 2편

김영철

사랑 한 스푼에
희망 한 스푼에
우리는 살아

비워 놓은 마음 한 자락
안갯 속 그림자에
이쁜 추억 담아

동전 한 닢 꺼내듯 즐거워하며
아름다운 추억에 기뻐하며
그리움을 남긴다.

마음주머니 한켠에

난 너를

기분이 좋아지고
활짝 미소 지으며
사는 게 행복하다.

너를 만나서

마음이 두근두근
설렘으로 가득 차고
그냥 좋아진다.

너를 생각하면

눈물 슬픔이 많아지고
우울 해지며 자꾸 신경 쓰인다.

난 너를
사랑하나 봐

나를

아름다운 빛으로 살아가
촘촘하게 빛난 별이여

마음에 내린 사랑비처럼
꽃을 사랑하듯 사랑해야지
나를

바다 심해 보듯 설레이고
멀어지는 순간까지
사랑하고 소중히 여겨야지
나를

김영철 시인

글쓰기(시나리오, 시 ,수필) 집필 중
서울사이버대 웹문예 창작과
4년 재학중
문학고을 문학상 수상
문학고을 등단 시 부문
현) 문학고을 자문위원
공저
문학고을 '종합문예지 청목' 다수

이별 외 2편

김옥희

잊으려 닫은 마음

봄꽃처럼 피어나고

지워진 그 자리엔

바람결 향기 스민다

이별은

낙화 끝자락

새싹으로 돌아온다

연인

당신의 찬란한 눈빛
별들도 숨 멈추고
하루에 천 번이나
가슴 결이 요동치니
봄에도
그대 없으면
꽃조차 피지 않네

손끝만 스쳐 가도
바람이 노래하고
목소리 듣는 날엔
세상까지 멈춰 서니
해와 달
당신 얼굴만
비추고 싶어 운다

이름을 불러보면
나뭇잎도 귀 기울여
강물도 발을 멈춰
숨죽이며 흐르거늘
그대여

당신 하나로

온 세상이 밝아진다

기러기의 편지

달빛이 창가에 앉아 긴 밤을 끌어오니
고운 옷깃 스치듯이 그리움 내려앉네
한 자락
달빛 편지에
임의 이름 적어본다

서리 낀 기러기 떼 쓸쓸히 흩어지면
빈 들에 나부끼는 잎 가을의 숨결이네
찬바람
뜻을 실어서
임의 곁에 닿으리라

들길에 낙엽 지고 세월도 흘러가고
하늘로 떠난 새는 이별의 말 남긴다
바람결
흔들린 마음
눈빛으로 전해진다

새벽에 내린 서리 풀잎 끝 눈물 되고
고요한 달빛 아래 서린 꿈 슬피운다

희미한
그리움 따라
하늘 문이 열린다

김옥희 시인

문학고을 시, 시조 신인상 등단
문예비전 시 부문 신인상 등단
한국문학 지부 수원문학 시조 부문 신인상 등단
문학고을 문학상 최우수상 수상
청목문학상 작가대상 수상
글쓰기 논술 지도사 1급
한국경기시인협회 정회원
한국문인협회 수원지부 정회원
≪경기일보,중부일보, 서울신문 포켓프레스≫
문예비전 문학, 시인마을 동인지, 수원문학대학 시조 동인지 '시맥'

내복 외 2편

김용

조금 철이 들 무렵
따뜻한 내복이 생겼다
도꾸리를 입을 때
내복 소매끝을 꼭 잡으라고
엄마가 일러주었는데 놓쳐서
한 대 쥐어 박혔다

밤에 내복만 입으면
날아갈 것 같아
한바탕 장난을 쳐야
잠자리를 찾는다

가끔 가려워서 내복을 뒤집어
바느질 사이 숨어있던
반짝거리는 알과 서캐들이
모습을 드러내고
호롱불에 일자로 그슬리면
따따딱 조그만 비명과 함께
전사하고 다시 입을 때면
나일론 가시러미가 남아

살에 닿을 때 따갑고 간지러워
옷위를 토닥인다

그런 시절 지난 뒤 성인 되어
직장에서 첫 월급을 타면
가장 먼저 부모님께 사드리던
회색 내복 빨간색 내복
오늘은 그 내복이
유난히 생각난다

화마

온 살가죽을 검게 그을리고
화마를 피할 수 없었던
몸이 불편한 노인은
마지막 길이 되었고

끈 묶인 짐승들은
형체만 남아있는 모습이
아비규환이 따로 없다

비는 어디에 숨었는지
보이질 않고
바람만 춤을 춘다

하늘아 너는 보이지 않나
너무 밉구나
무엇 때문에 화가 났니

수많은 세월을 화선지에
색칠할 수 없도록
검은색만 뒤덮여
산신의 화난 모습만

덧칠해 질뿐

하늘에서 검은 비를 뿌려서
조상님들의 집 지붕도
다 새까맣다

세상의 어지러움이
화나게 했구나
하늘아 너는 편하냐

마음은 그대로인데

마음은 그대로인데
내 몸은 누가 가져갔나

추억은 생생한데
주름진 몸은 내건 아니네

젊어서 홀씨 되어 멀리도
흩어져 자리하여
세상을 머리에 이고
어느 누구의 어버이 되어
향기마저 다 날려 보낸 뒤
기억은 희미해지고
모든 사물은 당겨서 봐야 하니

그림 속의 친구들은
언제나 다시 할꼬 그 끈을 놓지 말 걸
날개라도 펼쳐
하늘 높이 날 수 있으면
이 맘 전할 수 있을 텐데

김용 시인

1959년 경북 의성출생
안동중앙고등학교 졸업
前(주)메딘 21 대표이사
現(주)대림플라콘 전무이사
문학고을 신인문학상 수상
문학고을 등단 시 부문
공저
'종합문예지 청목' 다수

벗겨진 것처럼 나무는 바람을 맞는다 외 2편

김유신

껍질 한 꺼풀 내려놓은 듯
잎은 다 떨어져 벗겨진 것처럼
나무는 바람을 맞는다

나뭇잎들이 속삭이는 소리
시간이 깎아낸 앙상한 나뭇가지
땅에 묻힌 뿌리만이 붙잡고 있는
삶의 무게를 숨기지 않고
바람에 휘청이는 몸 그대로
가을을 보내고 겨울을 맞는다

어쩌면 사랑했던 모든 것들이
이미 잎새처럼 흩날려 버린 뒤
다시는 되돌릴 수 없는
계절의 시간을 견디는 일

가지 끝에 걸린 차가운 햇살 한 조각
그것이 전부였고
그 하나만으로 스치는 칼날 같은 바람을
받아내고 있다

벗겨진 것처럼,
자기 가지에 있던 나뭇잎이 다 떨어진 이상
나무는 지금
홀로 외롭고 쓸쓸함마저 스며드는 듯
그 자리에서 다가올 시간의 꿈을
꾸었는지도…

가을의 끝자락에서

어느덧 빛바랜 가을의 햇살
나무들은 마지막 입사귀까지 내려놓고
앙상한 가지를 허공에 내놓는다
바람은 더 이상 따스함 대신
차가운 한기로 곁을 스치게 한다

땅 위엔 낙엽의 붉은 장판이 깔리고
그 위를 밟는 걸음마다
사각이는 소리로 가을의 끝자락을
기억하게 한다
따스했던 가을의 열기는 옅어져
모든 그림자가 쓸쓸하게 누워 있었다

강물처럼 흐르는 그리움
이 가을의 끝자락에 들어섰을 때
비로소 알게 됐다
가슴 깊은 곳에서 피어났던 수많은 감정들이
당신을 향한 그리움이었음을

흐르는 강물은 그렇게 제 갈 길을 가지만
나는 홀로 남아 그 물결 속에서

지나가는 가을의 향기를 맡으려 한다

이제 곧 흰 눈이 세상을 덮겠지
서둘러 방문을 잠그는 것처럼
가을의 끝은 그렇게 시간이란 자물쇠로
문을 닫을 테지

남은 것은 다만
가슴에 젖어드는 아련한 추억일 뿐이겠지
가을의 끝자락에서

나무의 눈물

바람이 차가워, 쓸쓸함이 묻어나는
어둠 속 하늘 아래
나무는 말없이 서 있습니다

웅크린 어깨 위로
붉고 노란 단풍의 옷자락이
마지막 작별 인사를 고합니다.

기나긴 시간 아침햇살과 새벽 이슬을 머금어
가장 아름답게 피워 올렸던
그 눈부신 빛깔의 옷 같은 단풍잎
이제는 손을 놓아야 할 것 같은
지나간 시간의 의미입니다

한 잎, 한 잎, 소리 없이 떨어져
땅으로 돌아가는 찰나
나무는 가슴 저릿한 울음을 삼킵니다.
가지 끝에 매달려 반짝이던 단풍잎
흘리는 눈물만큼이나
텅 빈 마음은 시린 바람만이 위로하네

앙상한 팔을 벌려
차가운 시간을 맞이해야 하는 마음
모든 것을 내려놓고, 깊은 잠 속으로 들기 전,
나무는 마지막으로 속삭입니다

"아아, 나의 아름다운 옷이여
이 자리에서 항상 기다리고 있을 테니
시간이 되면 그때 다시 보길……"

김유신 시인

1977년 충북 충주 출생
1996년 소사공고 졸업
1996년 주식회사 대농 입사
문학고을 신인문학상 수상
문학고을 등단 시 부문
공저
'종합문예지 청목' 다수

그 이름을 부르는 것만으로 외 2편

김익순

차라리 세례명으로 불리길 바랄 망정
이름을 내어놓기 싫어했더라도
촌스럽다는 그 이름을 부르는 것만으로
기분 좋아지는 사람이 있다.

즐거울 때나 괴로울 때나
함께하셨다는 철석 같은 약속 때문만이 아니다.
비가 오면 비를 맞고 바람이 불면 부는 대로
눈이 오면 하얀 눈길을 같이 걸었던 그 사람,

언제부터 인지
저만치 지나가는 뒷모습을
스치듯 바라보는 것만으로도
울렁이는 사람,

인생의 봄부터 여름 내내 화려하게 피었던
그 꽃 진 자리에 풍성한 열매로 맺어지는
인생의 이 가을 문턱에서도
스미는 마음의 온도는 여전히 따스하다.

그 사람의 짐

조금 굽은 듯한 야윈 등에
그 무게를 가늠하기 힘든
짐을 지고 홀로 가는
사람이 있다.

때로는 벗어 던지고 싶을 만큼
지치게 만드는 짐,
용을 쓰듯 애쓰며 살아도
여전히 애처로운 등을 짓누르는 짐,

그런 그에게도
어디선가 불어 오는
바람 한 점이 힘겨움을 덜어 내어
엉거주춤 어색하게 앉은 그를
슬며시 일으켜 세운다.

이 바람이 그에게만 부는 것이 아니듯
그 혼자만 짐을 지고
그 혼자만 이렇게 사는 것 같아도
제아무리 잘난 사람에게도
무겁게 짊어져야 할 짐은 있다.

가을이 오려 하는지

활짝 열어 둔
창문을 보고도
기웃대지도 않던 바람이
살금살금
방안으로 들어오고

한없이 처량해져
점점 구슬프게 울어대는
이름 모를 풀벌레의 울음 소리도
어제와 다르다.

제 풀에 꺾인 여름은
슬금슬금 뒷걸음을 치고
하얀 구름이 걷히니
파랗고도 높아진 하늘,

가을이 오려 하는지
선선해진 바람결에
잠은 들락날락
얇은 이불만 자꾸
끌어당긴다.

김익순 시인

대림엔지니어링(주) 배관설계팀 근무
대림산업(주), 현),디엘이앤씨(주) 배관설계팀 근무
현),(주) 지펙기술 대표이사
현), 문학고을 수석 자문위원
문학고을 신인문학상 수상
문학고을 등단(시 부문)
문학고을 우수작가상 수상(시 부문, 2023)
문학고을 최우수작가상 수상(시 부문, 2024)
저서 : 문학고을 선집 (공저) 7, 8, 9, 10, 11, 12, 14집
E-Mail ;kimis@gpectech.com

장독대 외 2편

김희숙

옹기종기 크고 작은 순서대로
키 자랑 장기자랑 와글와글

들숨 날숨 질그릇에 안긴 채
바람은 토닥토닥 달래주고
볕은 포근히 덮어주었다

봄은 새순의 생명력 불어넣어 주고
여름은 모진 비바람 더위 안간힘
가을엔 시원한 햇살 바람 맞이하며
질그릇 들숨 날숨에 익어간다

겨울엔 쌓인 눈보라 속에서도
부대끼며 갈잎 뒹굴어 모여들고
마른 풀섶 사이로 기다림이란
발효된 장맛으로 태어난다

날이 가고 달이 가고 해가 가고
옹기종기 항아리 속엔 뚝심 같은
깊은 장맛이 어우러진다

겨울 새벽 안개비에 젖다

자욱하게 깔린 낮은 발걸음
희미한 그림자처럼 가로등은
으스스한 한기에 떨고 있다
들려오는 속삭임처럼 내려앉네

젖어드는 고요한 음성처럼 잔잔함
곧 여명이 밀어내는 축복 같은 시간
스며들어 흔적 없이 감춰질 자취
소리 없는 영혼을 달래려 숨을 참는다

어둠이 머물다 비껴간 시간을
불투명하게 달려드는 어스름 안개
상념에 잠긴 시작점은 사랑인 것을
감사함과 아름다운 꿈인 것을

행복

저기 저 너머 소싯적 꿈이
튀밥처럼 부푼 가슴 여울물
흘러 다다른 강가 첫 새벽
물안개처럼 아련했거든

오늘 여기 현재 희망이 있어
사심 없이 빗장 열린 나날들
꼭 쥔 빈주먹일지라도 불끈
소싯적 꿈을 채우고 있거든

저기 저 너머 미래의 중후함
여유로운 느림의 미학으로
다가서는 미소로 담뿍 채우고
함부로 저울질 않는 사랑이길

고루함이 아닌 유연함으로
행복을 부를 테니

김희숙 시인

1960 경기 안산 출생
요식업
문학고을 신인문학상 수상
문학고을 등단 시 부문
글벗 지기 자문위원
공저
문학고을 시선집 다수
문학고을 우수작가상 수상
현) 문학고을 경기지부 지부장
첫 시집
'그럼에도 불구하고 출간'

기억의 무게 외 2편

노문성

세상의 모든 철학에는
살아남은 자의 목소리가 남는다.

무너진 자의 말은
흙에 묻히고,
그들의 생각은
바람에 흩어진다.

기록은 언제나
남은 자의 손으로 쓰인다.
패배는 삭제되고,
침묵은 공백으로 남는다.

그러나 밤이 깊어질수록
그 공백의 소리가
작게 들린다.

어둠 속,
미약하게 떨리는 작은 별 하나가
말하지 못한 자의 철학처럼

희미하게 떠오른다.

아마 진실이란
승리의 언어가 아니라,
사라진 목소리를 붙잡으려는
마음의 작은 떨림일 것이다.

잡초라 불리우는

나는
단 한 번도
밟히려고 태어난 적이 없다.

햇살 한 줌에도 기뻐했고,
비 한 방울에도
조용히 목을 들었다.

그러나 너희는
나를 이름 없는 잡초라 부르며
뽑히는 운명을
당연한 듯 말한다.

나는
꽃과 다르지 않다.
다만
너희에게 필요하지 않을 뿐이다.

바람이 불면 흔들리고,
밤이면 잠이 든다.

누군가의 발자국 아래서도
작게 고개를 드는
초록 잎 하나가
내가 여전히 살아 있음을 말한다.

사랑받지 못하지만,
그게
내 죄는 아니다.

슬픔은 순수할 수 있는가

순수한 슬픔은
입에 올리려 하면
먼 안개처럼 흐려진다.

누구의 잘못도 아닌 마음 한켠이
말없이 다쳐 앉아 있을 때,

가만히 두면
오히려 더 맑아져
어린 날
저절로 번지던
눈물 한 방울을 닮아간다.

노문성 시인

1973년생 남원 출생.
한국방송통신대학교 농학과.
2025년 "사랑은 사랑하고 이별은 이별한다"
POD 출간.
2025년 문학고을 신인문학상 수상
시 부문 등단
공저
2025년 문학고을 종합문예지 청목 20호

인생이란 외 2편

달빛바람

양쪽으로 뻗은 은색 손잡이
그 끝에 달린 검은 고무스펀지
동그랗게 감싸쥔 양 손

네모난 작은 페달 위에
쉼 없이 돌아가는 두 발
비틀대는 두 개의 바퀴

쓰러지랴
멈추지 못하는 페달

목적지도, 까닭도 모른 채
돌아가는 바퀴

언제쯤 쉴 수 있을까
가느다란 나의 손
멍하니 굴러가는 나의 발

꿈일까

옷장에 그려진
노란색 문을
열어 본다.

펼쳐지는
오색빛 꽃밭
아득히 퍼지는
당신의 그림자

주름진 손이 쥔
장미꽃 바구니
하얗게 센 머리카락
미소짓는 얼굴

마음에만 간직했던
나의 할머니
함께 꽃놀이 가고 싶어
나를 불렀나 보다.

애물음료

완벽한 D자형 나의 배
무거워지는 두 눈꺼풀
감긴 눈 사이로 보이는
뿌연 컴퓨터 화면

뚝딱대는 몸뚱아리를 이끌며
걸어가는 메*가커피

짙은 갈색 물 사이로
서로 부둥켜 안은
투명한 네모 조각들

얇은 빨대 사이로 흐르는
진한 갈색 물,
목구멍을 타고
뱃속으로 기어들어간다.

빠르게 돌아가는 머리
가벼워진 눈꺼풀
겨우 보이는

컴퓨터 화면

몸을 누비는 음료를 따라
제대로 돌아가는
내 영혼

달빛바람 시인

서울 출생
강원도 원주 거주
유아교육과 졸업
문학고을 신인문학상 수상
문학고을 등단 시 부문
〈제79회 2차 공모 당선〉

어제의 나에게 외 2편

문경림

어제의 나에게
문득 묻고 싶다.
왜 그렇게 서둘러 걸었는지,
왜 그렇게 마음을 다 써버렸는지.

되돌아보면
서툴게 남긴 흔적들 사이로
어렴풋한 온기가 스며 있다.

넘어지던 순간마다
작게 남은 자국들이
오늘의 내가 서 있는
보이지 않는 바닥이 되었다.

어제의 나여,
그 모든 흔적을 품은 채
나는 오늘의 나를
다시 바라본다.

꽃잎

겨울 한철
묵묵히 얼음을 견디던 가지 끝에
연둣빛 봉오리가 맺힌다.

아무 일 없었다는 듯
꽃은 다시 피어난다.

시들고 사라졌다고 믿었던 것은
사실은 잠시의 쉼에 가까웠을 뿐.

내가 기다렸기 때문도,
세상이 도운 것도 아니다.

멈춰 있었다가,
머물렀다가,
어느 순간 다시 열리는 것.
자연은 늘 그리할 뿐이다.

그 날의 마음은

그날의 마음은
아무에게도 들키고 싶지 않은 아픔이었다.

그 마음은
내가 말하기도 전에
먼저 자리를 옮겨 버렸고,

나는 그 뒤를 따라가다
멈춰 선 채
한동안 고요히 있었다.

누가 묻기라도 하면
금세 흩어질 듯 얇아진 마음이라서

그날의 나는
말 대신
침묵을 남겼다.

문경림 시인

미국 스텐톤 대학교 치유학 석사, 미국 냅시모아 대학교 상담심리 치유학 석사
한국스마트교육진흥원 대표, 달쌤언니의 마음상담소 원장
민간자격등록 및 관리 협회 운영
부동산 자격관리 및 교육콘텐츠 운영 전문가
심리·명리·색채·미술 융합 기반 통합 힐링교육 콘텐츠 개발자
심리·정서·예술 기반 치유·성장 과정 기획 및 심리강의 전문가

〈강의 이력〉
HD현대중공업 한마음 문화센터
(감정코칭 강사, 미술 & 색채 심리강사, 명리학, 풍수인테리어 강사, 타로심리 강사)
울산 현대 백화점 자스민 클럽(연 1억이상 매출 고객 대상) 심리상담 특별 진행
홈플러스 문화센터 (경기 남부, 울산 전점) 미술,색채심리,타로심리, 자격과정 강의
전국지역자활센터(노인심리,도형심리, 색채심리, 노인미술심리등) 자격과정 강의
도형테라피 온라인 강의 런칭 (도형테라피 카드 제작)
2025년 11월 문학고을 신인문학상 수상
시 부문 등단 제80회 1차 공모 등단 당선

왕의 숲길 외 2편

박미순

왕의 숲길 초입
어떤 희망 품은 고백이
기다려 주고 있을까
나는 그 님 따라 걷고만 있을 뿐

백 마디 못 보인 그 말,
끝내 가슴에 접혀
되돌아 보일 뿐

내리막 숲길,
입술 한 번 떼지 못한
마지막 숨소리는
그 님의 어깨만 스쳐갈 뿐

길은 끝자락
허공 속 메아리만
고개를 숙일 뿐
그뿐. 그래… 그뿐.

알고 있을까

알고는 있었을까
남몰래 뿌려둔
이길 곳곳 분홍빛 씨앗들을

약

어릴 적
어머니 손끝 내 입속 넣어 주신 약들

이제는 내가
어머니 입속 넣어드리고 있네

글 모르던 시절
하얀 봉지 알약 한 줌
받아 삼키던 아이

이제는 흐려진 눈빛,
총기 잃어가는 어머니를 챙기네

당뇨, 고지혈, 혈압약…
섞일까 조심스레
노모 앞 안절부절
달래다, 어르다 때로는 호통도 치네

당황한 노모를 바라보다
막내딸 고개 숙여

얼굴 돌려

눈물 한 방울 훔치네

싱싱한 꽃들아

등단 꽃 선물 잔뜩 받아
꽃꽃이 중,
어제 뵌 야윈 엄마 생각에
눈시울이 울컥.

꽃들아, 너희 중
누가 가장 튼실하니?
우리 엄마에도
기운을 좀 주렴.

가장 튼실한 녀석들,
"저요, 저요!" 손 들어줍니다.

예쁜 기운 가득 담아
엄마 보러 달려갑니다.

싱싱한 녀석들 데리고,
밝은 기운 선사하려
달려갑니다.

다시 또
우리 엄마 보러
나는 달려갑니다.

휘령(輝鈴) 박미순 시인

1972년 여주 출생
동남보건대학교 임상병리학과 학사
아주대학교 공학대학원 화학생물공학과
생물공학석사
한서대학교 보건대학원 보건학 박사
(현) 케이씨엘의료재단 병리과 부서장
임상병리사 (MT)
국내세포병리사 (KAC)
국제세포병리사 (IAC)
문학고을 신인문학상 수상
문학고을 등단 시 부문 (77회 1차)
(전) GC 녹십자의료재단 병리과
(전) 아주대학교 의료원 병리과
(전) 동남보건대학교 임상병리학과 외래교수
(전) 혜전대학교 임상병리학과 외래교수
(전) 한서대학교 피부미용학과 외래교수
(전) 한서대학교 방사선학과 외래

장봉도 욕쟁이 할머니 외 2편

박복선

빗발이 장대비처럼 곧게 내리꽂던 날
꿈틀대는 갯벌을 향해 염병할 욕 세례를 퍼붓는
욕쟁이 할머니 식당을 찾았다

얼룩진 세월의 문을 열고 들어가면
찢어진 달력과 두 손 잡고
터키, 아르헨티나, 페루, 칠레, 잠비아…
30여 개 나라의 사람을 깨우는 이야기가
창문과 벽에 쪼그리고 앉아
손님을 맞이하고 있었다

–산낙지 4인분 주세요
잘려나간 산낙지 발들이
식욕의 칼 판 위에서 꿈틀대고
할머니의 찰진 욕설 더미가
쫄깃쫄깃한 산낙지 빨판에 붙어
먹이사슬 식탁에 살을 올린다

젊은 남편과 딸을 묻은
장봉도 애증의 갯벌 속엔

산낙지와 백합 조개가 들썩이며
할머니가 퍼붓는 통쾌한 욕을 삼켜
훌쩍 몸집을 키우느라 요란하다

식당 벽 귀퉁이에 할머니가 써놓은
–지금, 이 순간이 힘든 건
살아있기 때문이야
너와 내가 있으니깐 살아간다– 라며

주정꾼들의 비틀대는 수작과 욕설도
출렁이는 하해河海로 받아내고 있었다

게걸스러우면서도 맺집 좋은 욕설은
그녀가 살아가는 안도감으로 포장되어
강팍한 세상 위에
장대비처럼 바다를 씻어내고 있었다

붉은 씨앗

공원 모퉁이
작은 손이 소리 없이
꽃 한 송이를 꺾었다

죄의 싹은 엄마의 눈보다 빨랐고
누가 보았니 그 속삭임은
세상의 첫 교훈이었다

그 안도 속에서
양심은 얼음 칼날처럼 조용히 돋아
들키지 않으면 괜찮다는
주문을 새겼다

그 주문은 붉은빛을 삼키며
멈춰야 할 자리에서 오히려 힘껏 나아가는
발자국이 되었다

차 없는 길 사람 없는 건널목
우리는 괜찮아 속삭이며
보이지 않는 선을 넘는다

마음속 붉은 불빛은 흔적 없이 꺼지고
화려한 이름 뒤에서
양심은 조용히 얼어붙는다

이제 우리는 묻지 않는다
보이지 않는 붉은 불이
꺼진 것인지 처음부터 없었던 것인지

USB의 베틀

평생의 강의와 연구가
나이의 경계선에 멈춰 섰을 때
정년이라는 차가운 칼날에 잘려나간 뒤

내 곁을 지켜온 분신 같은 USB가
스스로 비우지 못한 채
내쫓긴 기억의 파편을 쏟아내며
눈물처럼 흘러내렸다

묵은 책상 위
가르침의 갈망은 말라붙은 잉크처럼 쌓이고

내가 살아온 이야기와
누군가 살아갈 이야기가
날줄과 씨줄로 얽혀
한 벌의 노래가 되었건만
그것마저 검은 강에 쓸려 보낸 너

텅 빈 새처럼 나는 멈추었고
시공의 무게가 너를 짓눌렀는지

기억의 상처가 너를 지웠는지 묻는다

그러나 너의 빈자리는
나의 새 숨을 위한 여백이리라
가르침을 빚던 베틀을 다시 걸고
풀무의 불을 지펴
세 번째 생의 날줄을 제련하련다

박복선 시인

타이완 국립정치대학교 대학원 교육학과 석사,박사
연세대학교, 숭실대학교, 아주대 교육대학원 외래교수
충북보건과학대학교 교수, 성산효대학원대학교 교수 퇴직
한국성인교육학회 부회장, 한국동북학회 부회장
국가평생교육진흥원 제2기 운영자문위원 역임
[현] 한국노년교육협회 회장, 위드타임즈 편집인
동아시아평생·노년교육연구소 소장 등
E-mail: parksunny56@hanmail.net
문학고을 신인문학상 수상, 문학고을 등단 시 부문

우정의 막마침 외 2편

박위업

비운에 쓰러진 너의 소식
천둥과 번개가 뇌를 때리지만
슬픔을 표현할 수 없어

상여 소리 없는 심층적인 슬픔은 어디에
눈을 감으며 에헤 어거리 넘차 넘어
망자의 이름으로 이별하니
나약한 이 맘을 슬픔으로 몰아닥친다

푸접으로 일관했던 환경
너의 모습이 하늘눈으로 비친다
세차게 때리는 장맛비에
담담한 슬픔이 가슴에 닿는데

창밖에 너의 모습
용서의 한마디 할 수 없는
너의 가련한 현실
내가 너를 모르니 슬퍼지는구나!

숙명인가, 운명인가

너에게 작별이 아쉬워 고하니
혼술에 술잔을 비우며 곡을 치는

에헤 어거리 넘차 넘어 어어어어 어거리

소리 없는 우정과 눈물
허공에서 맴돌고 맴돌았던 헛장
강 넘어 불구경하듯이
내 맘 어찌 용서될까?
가슴에 눈물이 차곡차곡 시냇물이 되었네.

노틀의 숙적

노을빛 언덕 위에
홀로 남겨진 침묵
해탈에서 황혼을 맞이한다

갈 피리 소리 청량히
울림은 가슴속 깊이
생의 아쉬움, 그리움이 느껴진다.

눈가에 자글자글한 외로움과
피어있는 얼룩진 고된 입술
세월의 흔적에 뒤안길에서
오늘도 새날처럼 노을빛 언덕에 서 있다.

청산은 붉은빛으로
들대의 잡초들도 누런빛으로
서산 넘어 나를 찾는다

말해 다오, 시간이여
자글자글 만들어진 생의 그림자에서

흔들림 없는 운명을 선택할 수 있도록,

젊은 초상肖像을 등에 업고
무상無常한 세월에
영혼의 바람을 타고 노을빛 언덕 위에
서성이며 기다린다.

시간 속에서 바람이 분다

한강의 바람은
아기똥하게 밀려오는 강쇠바람

대호지호 바람은
평온으로 느끼는 건들바람

서릿바람의 아침은
한강에도 있고 대호지 호에도 있지만
내 가슴에도 숨어 있다

재 넘어가는 황혼의 찻집
계절의 중력과 영혼을 가볍게 포옹하며
상처로 시간을 기다리는 널감

때늦은 깜부기불의 깨도
나눔의 시간은 공간에 쌓이고
침묵하며 조용히 기다리는 막마침

서해西海의 왕새우
단풍으로 부활하는데

가슴에 열정熱情은 황금빛으로 물들고
앞마당 붉은빛, 떨어진 잎새 속의 시간이
세월을 찾는다

동무처럼 다정다감하게
서로의 어깨를 뜨개질하는 세월
가슴 속 붉은 피 함께 시간을 고별하니

시간과 공간에서 상처와 흉터를 배우며
우정과 사랑이 난무했던 뒤안길
허무하게 떠나버린 더없는 귀해진 시간
나그네 바람으로 운명을 이별한다.

청심 박위업 시인

세종대학교 세종대학원 졸업
전원생활 7년차
저서
"푸른빛을 핀 구름위의 고희" 시집을 집필
문학고을 신인문학상 수상
문학고을 등단 시 부문
공저
'종합문예지 청목' 다수 참여

시장 뒷골목을 걸으며 외 2편

박중신

북적거리는 시장에 드니
사람 사는 맛이 나더이다.

투명 비닐에 싸인 깡마른 손으로
콩나물을 듬뿍 담고 계신 시장 할머님
날카로운 생선칼을 앞세운
젊은 아낙의 당찬 모습에

고단한 삶이 읽히는
살아 숨 쉬는 시장이더이다.

봄기운 머금어 생기 파릇한 나물
커다란 양은 뚜껑이 빼끔거리며
뿜어내는 구수한 만두 향
넓은 입을 원 없이 벌리고
목구멍 안창까지 들어낸 엎어진 솥뚜껑
그 속에 담긴 국물이 은근하게 데워져
시장 골목을 적시는 어묵탕 국물 냄새에
코 벌어진 사람들로 가득한 시장은
사람 사는 그 자체이더이다.

기다란 시장길을 벗어나
뒤편으로 그어진 골목길로 들어서니
지나친 고요함으로 귀가 먹먹해집니다.

손에 장바구니를 힘겹게 쥐고
골목과 골목으로 얽혀 있는
좁고 초라한 길을 걷다 보니
두툼하게 차려입은 옷깃 틈으로 스미는
찬 바람을 비로소 감지합니다.

옷깃을 여미며 생각을 해 봅니다.

정신없이 살아온 젊은 날의 세월과
천천히 걷고 있는 지금의 세월은

시장길과 시장 뒷골목의 차이였음을

가을의 마지막 퇴근길

가을의 마지막 퇴근길에
비가 내린다.

낡은 외투 한 장 어깨에 걸치고
비 오는 에움길을 홀로 걷고 있다.

비 젖은 낙엽
융단처럼 길게 깔리고
간간이 떨어지는 나뭇잎
그의 머리를 스친다.

노배우의 은퇴식 끝에
붉은 카펫을 밟으며
퇴장하는 것 같은
가을의 퇴근길이다.

가을이 근무하던 사무실에는
아직
빨강, 노란, 갈색 페인트 통이
남아 있는데

가을은 오늘
겨울에 뒷일을 부탁하고
마지막 퇴근길에
비를 맞으며

그는 떠났다.

완전범죄

어둠이 깔리는 서녘 하늘
희고 날카로운 칼날 구름
해의 목을 찌르니
사방으로 튄 피로 서녘 하늘이 붉다.

피로 낭자한 구름 품에 안겨
헐떡이며 숨져가는 해
산 아래로 얼굴을 떨구고 있다.

굳어 피떡 진 구름, 더욱 검붉어지고
말라비틀어지니 윤기를 잃었다.

서쪽으로부터 부는 비릿한 바람
칼날 구름을 뭉개어
비극 현장을 은폐하고

검붉은 어둠은
현장을 덮어 모르쇠 한다.

완전범죄를 도모한 협업자들

검은 두건을 쓰고
장막 속으로 숨어들었다.

범행 현장은
촘촘하게 박힌 장식용 보석으로
반짝거리고 있을 뿐이다.

박중신 시인

전기공학 박사
전력회사 인재개발원 교수 역임
대학 교수 역임
문학고을 신인 문학상 수상
문학고을 등단 시 부문
청목문학상(작가 대상) 수상
문학고을 시선집 다수
현) 문학고을 고문
첫시집
'마음 긁혀 아픈 자리에 그리움이 피었다'
제2시집
'마음 길 따라 걷다 보니 여기에'
공저
디카시집 '끊임 없는 삶의 물음표'

귀빠진 날 외 2편

박현숙

아 앙 ~
응에 응에 ~

어둡고 캄캄한
여정을 마치고

눈부신 세상에 눈을 떠보니
엄마 아빠는 벌써 기다리고 계셨네

아! 이곳이 집이라네
아! 이곳이 사명자의 땅이라네

엄마의 따뜻한 사랑의 손길이 닿을 때
평안함을 느꼈어~

엄마의 눈을 응시하니
많이 보고 싶었다고 그리워했다고…
눈시울을 적시네

탄생을 축하해 주시며

앞가슴에 포근히 안아 주시니

사르르
잠이 들었네

휴일 오후

천변 옆에
갈대 숲에는

하늘 한 번 쳐다보고
땅을 한 번 내려다 보며

새들이 풀씨를
쪼아 먹기에 바쁘고

노오란 들국화는
사랑의 향기를 진하게 내뿜으며

마지막 작별 인사를 하고
서리 맞은 잎사귀는 살며시 고개를 떨구는구나

시냇물 속에는 다정하고 금실 좋은
오리 한 쌍이 마주 보며 속삭이네

오늘은 아픈 친구와
외로운 친구를 불러서 식사 대접이라도 할까

아니면 멋진 카페에서
커피 한 잔이라도 나누고 싶네

더 킹

겸손한 왕
지혜로운 왕

인자하신 왕
화평의 왕

바다 끝에서
하늘 끝까지

죄에 메이고
타인에게 메이고

운명에 메이고
두려움에 메인

영혼들에게
의와 진리 안에서

자유함을 주시고
무서워하는 영에게

어린 나귀를
풀어 주시듯이

우리들의 삶에도
얽힌 문제들을 풀어주시는

이분이야말로
진정한 더 킹이 아닌가

박현숙 시인

60년 원주 출생
구) 선경 퇴사
현) 공인중개사 근무
주산 부기 2급
반석동 행복한 교회집사
문학고을 신인문학상 수상
문학고을 등단 시 부문

눈을 감는 이유 외 2편

방성욱

밤마다 나는
세상을 덮는 이불처럼
눈꺼풀을 내려
너를 펼친다

빛이 닿지 않는 곳에
너는 여전히 환하다
기억의 온도는 식었지만
그리움은 아직 따뜻해서
잠이 아닌 그리움에 눕는다

낮에는 두려워
눈을 뜨면 세상이 너를 지워버릴까 봐
밤에는 습관처럼 눈을 감는다
그 안이 너의 집이 되었고
그곳이 나의 하루가 되었다

이제
눈을 감는 건
잠이 아니라
너를 다시 만나는 일이다

느린 아침의 여유

이른 햇살이 풀잎 끝에 맺힌 숨을 깨우고
새장은 닫혀 있어도 새들은 이미 노래를 한다

하루는 먼저 달려오지 않으니
내 마음부터 문을 열어 맞이해 본다

찻잔 위에 피어오르는 작은 온기 속에서
나는 조금 느리게 살아도 괜찮다고 배운다

바람은 서두르지 않아도 숲을 다 안아주고
빛은 말이 없어도 길을 밝혀준다

세상은 늘 서로의 속도를 알아주는데
인간만 가끔 그 사실을 잊을 때가 많다

그래서 오늘은
풀처럼
해처럼
바람처럼
조용히
제자리에서 아름답기로 한다

빈 잔의 계절

그대가 없는 밤엔
말의 온도보다 침묵의 무게가 먼저 식어가고

낯선 도시의 불빛 아래
나는 내 그림자와만 마주 앉는다

얼어붙은 마음을 달래려
소주 한 잔을 채우면
그대의 목소리가 떠오르다
서늘히 가라앉는다

멀리 떨어져 있다는 사실 하나로
우리는 서로의 하루를 닫아두고

보고 싶다는 말조차
끝내 보내지 못한 채

빈 잔을 비워낼수록
그대가 없는 나만 깊어진다

방성욱 시인

경남 마산 출생
1997년 신세계백화점 공채 입사
전자랜드 용산본사 구매부 근무
문화예술경영학 학사
현)PT. SSANGYONG INDONESIA 대표이사
제3회 적도문학상 시 부문 최우수상 (주 인니 한국대사상) 수상
문학고을 신인 문학상 수상
문학고을 등단 시 부문
현) 문학고을 인도네시아 지회장
공저
“종합문예지청목” 다수 참여

비움의 미학 외 2편

서기선

바람이 한 번 불고 나면
나무들은 조금씩 가벼워진다.
떨어진 잎은 흩어지며
나무는 자신이 머물렀던 계절을
살포시 내려놓는다.

그대도 어느새 그렇게
몸에 붙어 있던 시간들을
일렁이는 바람에 털어낼
나이가 되었다.

한때는
놓지 못해 무거웠던 것들이 많았다.
붙잡아야만 살아 있는 줄 알았고
쥐고 있어야만 지켜지는 줄 알았다.
그러나 세월은
손아귀에서 힘을 빼는 법을
알려주었다.

힘을 뺀 자리에서

비로소 쉬는 법을 알게 되었고,
그 자리에서
마음이 자라는 소리를 듣게 되었다.

봄이 오면 꽃이 피고
여름이면 짙어졌다가
가을엔 스스로 가벼워져야만
겨울을 견딜 수 있듯,
사람의 마음도
계절을 따라 익어가야 한다는 걸
이제야 깨달았다.

나이 듦은 쇠퇴가 아니라
불필요한 것들이 하나둘 떨어져 나가는
자연의 이치였다.

그래서 더는
잃어가는 것을 두려워하지 않는다.
잃는 만큼 비워지고,
비워진 만큼
새로운 바람이 드는 자리가 생기기 때문이다.

그 바람이 차갑다 해도
우리는 그것을
늦가을 햇살처럼 받아들여야 한다.

이제 나는
내 안에서 서서히 빛을 줄여가는 일까지도
감사히 받아들이기로 했다.
빛이 줄어든 자리에는
그늘을 아끼는 지혜가 깃들고,
그늘에 익숙해진 마음은
더 멀리 있는 빛을 바라볼 수 있기 때문이다.

다만 나는
내게 남은 계절을
조용히, 고요히,
그리고 단정히 살아갈 뿐이다.
마지막 잎 하나 떨어지는 날에도
미련 대신 미소로
내 계절을 마무리할 수 있기를 바라며.

마음의 그림자

저녁이 기울 때마다
빛은 먼저 색을 잃고
세상은 온통 검은 슬픔으로 가득 찼다.

내 그림자가
제 몸에서 빠져 나와
슬픔 속으로 걸어가는 것을 보았다.
소리 내 걷진 않았지만
들썩이는 어깨로, 발끝에 차이는 이슬로
그리움이 전해졌다.

사라진 흔적을
손바닥으로 움켜쥐자
미련이 한 웅큼 잡혔다.

대체 왜
검은 슬픔이 가고 나면
미련만 남는 건지.

빛이 슬픔을 주워 담고 나서야

비로소 내 마음에 남아 있던
가장 어두웠던 것이
변해버린 사랑이라는 것을 알았다.

독설毒舌

까만 햇살이 내리꽂혀 심장을 파고든다.
새벽과 밤의 경계가 뒤엉킨 시간,
빛은 스스로의 온기를 잃은 채
검은 잔해를 쏟아내고 있었다.
세상은 잠시 숨을 거두고,
나는 그 적막의 중심에서 한 줄기 떨림을 느낀다.

무정한 마음이 사방으로 흩어져 흩날린다.
바람이 스쳐 지나가자
기억의 조각들이 먼지처럼 일어
허공으로 흩어져 사라졌다.
흩어진 감정들은 닿지 못한 말처럼
방향을 잃은 채 떠돌 뿐이었다.

무엇이 남고 무엇이 사라졌는가.
미명 속에서 굴린 질문은
긴 그림자 하나를 남겨두고
조용히 저물어 간다.
손안에 남은 것은 오래된 체온의 잔향,
사라진 것은 말하지 못한 시간의 무게였다.

끝을 알 수 없는 사막은 그대의 마음 같아서
걸음을 옮길 때마다
바람은 내 흔적을 지우고,
발자국은 다른 계절로 미끄러져 갔다.
그대의 마음도 그런 것일 터
가까워지는 듯하다가
어느 순간 황혼의 뒤편으로 저물어 버리는,
붙잡을 수 있을 듯 끝내 닿지 못하는 마음.

그래서 나는 움켜쥐기보다 포용하기로 했다.
붙잡으려 할수록 멀어진다는 것을
저무는 빛이 말해주었다.
나는 그 고요한 가르침을 받아
그대의 사막을 스치는 바람이 아니라,
그 광막함을 조용히 감싸는
한 줄기 저녁빛이 되기로 했다.

서기선 시인

1971년 강원도 영월군 출생
2023년 그림책 '방귀고래 핑구' 출간
2023년 전자도서 '시전' 출간
2025년 단편소설 '노스담' 출간
(現) 브런치스토리에서 작가로 활동 중.
문학고을 신인문학상 수상
문학고을 등단 시 부문

붕어빵 외 2편

서어진

가장 추울 때
알에서 깨어나

검고 단것들로
살을 찌워놓고선

가장 더운 곳으로
단단히 몸 조이며 들어가

추운 겨울
차가운 사람들의 품 속으로
뜨겁게 그렇게 파고들어

그 마음속 덥히며
그곳에서 헤엄치며 산다.

그라시오쏘

저 먼 땅
반대편 반도에서
붉고 노란 깃발 아래에서
들려오는 소리
그라시오쏘

비슷한 인구의
비슷한 GDP를 가진
비슷한 흥과 열정의
붉은 태양 아래에서
들려오는 그 소리
그라시오쏘

반대편 그 반도로
그라시오쏘를 보낸다.
우리의 흥과 열정을 보낸다.

즐거우니
즐겁구나
즐겁습니다.

살파

조상을 만나러 간다.

투명하게 숨기는 것 하나 없는
매끄러운 그런
조상님을 만나러 간다.

어떠한 고통도, 저항도 없는
평화로운 그런
조상님을 만나러 간다.

아무런 말씀을 하지 않으셔도
우리는 안다.

아무런 행동을 하지 않으셔도
모두가 안다.

조상을 만나러 간다.

침묵이 얼음과 같이 차가우나
침묵 속,

한 점 조언을 주실

그런 조상을 만나러 간다.

서어진 시인

1994년 12월 출생
우신고등학교 졸업
수원대학교 졸업
문학고을 신인 문학상 수상
문학고을 등단 시 부문
공저
'종합문예지 청목' 다수

한 겨울 찾아온 눈꽃 외 2편

성용군

어두움 속
눈 꽃이 하얗게 피워오르며
예쁜 자태를 뽐내며
바람에 춤을 추어 봅니다

올 한 해에도
눈 꽃속 여왕은
귀품(귀한)자태를 보이며
온 천지 하얀 떡가루
뿌려 놓으며
하얀 미소를 지어봅니다

산등성이 봉우리에
바람에 미처 피하지 못한
눈 꽃잎 바람에 흔들리듯
춤을 추며 리듬을 타 봅니다

빛은 아름다워라 이별 속 그리움

여명 빛
이별의 정거장
아쉬움 속

그대를 향한
기약을 하며
내일을 하며

오늘도
이별을 고합니다
안녕이란
두 글자를 가슴속에 새기며

이른 새벽을 달빛을 바라보며

단 붉은 불꽃이 되어

하늘 저편
붉은 비가 바람을 타고
어제도 아니 오늘도
노도길을 뒤덮으며
소리 없이 내립니다

석양 저편 붉은
수채화 그려 놓은 듯

가을 붉은
불꽃이 되어
산하를 뒤덮으며
소리 없이 내립니다

성용군 시인

64년 서울 출생
일출 문학회 입문(의정부)
한국문인협회 의정부시지부 이사
수상 및 공저
문학고을 시선집 외 다수
의정부시 한국문인협회 백일장
천상에 그리운 임
문학고을 신인문학상 수상
문학고을 시 부문 등단
문학고을 우수작가상 수상
문학고을 최우수 작가상 수상
문학고을 자문위원
현) 문학고을 경기지부 부지부장

논두렁의 감나무 외 2편

신기순

넓은 들판을 가로지르는 길
바람 한 줄기만 스쳐도
주황빛 감들이
종처럼 달그락 마음을 흔든다

가을이 다 가고
겨울 문턱에 서서도
끝내 가지를 떠나지 못한 감 한 알
그 붉은 숨결에는
한 철을 지켜온
농부의 땀과 기다림이 들어 있다

논두렁 위
가만히 서 있는 감나무는
저 혼자서도 빛나는 가로수
길을 지나는 이에게
작은 온기 한 줌
손에 쥐여주는 계절의 등불이다

화단에 핀 산의 그림자

산에 있어야 할 버섯이
아파트 화단에 내려앉아

여름 열기에도
가을의 서늘함에도
겨울의 매서움에도

겹겹의 결을 펴며
묵묵히 나를 바라본다

도시 한복판
작은 산 하나가
오늘도 내 마음에 자란다

석산石蒜꽃밭에서

불러도 대답 없는
가을 끝자락에서

붉은 실꽃 머금은
석산들이
한 줄기 바람에도
가슴을 흔든다

떠나간 이의 이름을
불러보는 듯
꽃술마다 떨림이 있으니

저 선연한 붉음 속에서
문득 내 마음도
한 번 더
피어오른다

신기순 시인, 수필가

한국방통대 가정학과 졸업
한국방통대 행정학과 졸업
MBC 여성시대 2회 당선
고양시 백석동
바르게 살기 협의회장
원주여성문학인회 회원
문학고을 신인문학상 수상
문학고을 등단 시 부문
문학고을 등단 수필 부문
(2024년 제65회 1차 공모)
문학고을 최우수작가상 수상
청목문학상 (작가대상) 수상
전) 문학고을 강원지부장
현) 문학고을 부회장
첫 시집 '반딧불이 연가(戀歌)' 출간

〈공저〉
'종합문예지 청목' 외 다수

개망초 꽃 외 2편

안귀숙

버림받은 꽃
농작물을
망친다 하여
불리던 망초 꽃

언제나
흐드러지게
멋대로 피는 흰 꽃

주인 없는
척박한 땅을 차지한
흰 꽃무리 자유스럽다

눈길 한번
주지 않아도
마음껏 꽃 세상을
만들어내던 개망초 꽃

해넘이 한해살이
전혀 다가오지 않던 그 꽃

땅의 주인처럼
여기저기 낯가리지 않는

하얀 흔들림이
들판에 매밀꽃처럼 그저 보기 좋았다

문득
걸음을 멈추고 생각하니

시간도 없고
경계도 없는 곳에
마음속 땅을 모두 내려놓으니

내 안을
밝히는 망초 그 꽃
화해를 한 것인가

비로소 깨닫는다
가깝게 보이는 꽃으로…

그미

애타게
그리워도
석양에 가리어
그 모습 간 곳 모르니

그나마
희미해진 아픈 과거
세월이 지나면 잊혀지려나…

가슴속
품고 살아가는
현재이긴 하여도

시간 속에
갇혀버린 잃어버린 삶
유속 같은 시간

늘
그미 (어머니)의 소중함이
몸에는 남아 있네요

새로운 여정

색바랜
가을빛으로 허기진 그리움

자연처럼
한결 느긋해진다

세월은 흘러도
사람의 온기는 남는다

저마다
길을 내어주며

구석구석 물들어가는
아름다운 계절

이 가을엔
잎새 하나하나
무슨 사연이 있을까

푸르게 있다가

퇴색되어 옅어져 가는 것을

마지막은
비움이라고 말하지만

누군가는
새로운 잎새를 키워내는
여정이라고

바람의 냄새 낙엽의 속삭임

구름 사이로
사연의 빛으로
곱게 발등에 내려앉는다

이제는 멈춰서서
함께 걷고 싶은 사람들

계절의 바람은 마침표가 아니라
새로운 시작이라고

안귀숙 시인

59년 안동 출생
솔농장 대표
제9회 희망봉광장 등단 시 부문
문학고을 신인문학상 수상
문학고을 우수작가상 수상
문학고을 고문

공저
문학고을 계간 '종합문예지 청목'
시선집 외 다수

제주 동백-1 외 2편

안찬호

시린 바람길을
아픈 돌밭 길을
어떻게 지나왔니?
시리고 아픈 세월이었을 텐데

제주 여인의 사랑처럼
붉은 순결이
제주 동백꽃으로 핀다.

제주 동백-2

거센 파도 소리에
툭
붉은 동백꽃 떨어진다.

떨어져서도

붉은 심장 뜨겁게 뛰고
붉은 입술 아름답게 유혹한다

커피

참 오래된 것 같다
너와 함께 한 시간이

기쁠 때 같이 했고
슬플 때 같이 했고

비가 내리는 날 같이했고
눈이 내리는 날 같이했고

꽃이 피는 날 같이했고
낙엽이 지는 날 같이했고

삶의 깊고 진한 커피 한잔
이제는 리필 해도 될 것 같은데
아직은 아름다운 삶이 더 남아있기에
조금 더 기다려본다

안찬호 시인

64년 전남 신안군(천사의 섬) 출생
건축업 (형틀목공)
문학고을 신인문학상 수상
문학고을 등단 시 부분
공저
'종합문예지 청목' 참여

가을 외 2편

유광식

갈대밭에 찾아온 바람이
머리를 흔들며 지나간다.

툭툭 털어버리고 떠나던
그녀 뒷모습이 스쳐간다.

축축이 비를 맞은 갈대는
고개를 떨군 채
눈물처럼 흩어지는 빗방울을 삼킨다.

흐르는 물소리
떠나간 임을 부르는
피리 소리 같다.

그리움

그리움은
봄은 기다리는
마음 같다.

그리움은
보이지 않는
상상 속에
빠지게 한다.

그리움은
우체부 아저씨를
기다리게 한다.

그리움은
아지랑이 되어
햇살 속에
살포시 피어오른다.

굴뚝의 연기는
산골 마을을 감싸며

내가 여기에 있다
그녀에게 전한다.

겨울밤

문틈 사이로 스며드는
삐 그 덕 거리는 황소 바람.

코끝을 스치는
싸한 한기.

어머니는 꺼질 듯 꺼질 듯,
호롱불 아래서 헤진 옷을 꿰매고

잠들지 못한 누이들은
이불을 서로 끌어당긴다.

겨울이 오고
찬바람이 불면
그 겨울밤이 생각난다.

유광식 (호: 山海) 시인

59년 전라남도 해남 출생
제2회 서울시 기초의원선거
성북구 출마
필리핀 의류제조 16년 경영
부동산 권리 분석사 1급 취득.
시집 출간 (머문 시간, 머문 마음)
현) 유튜브에서 영상으로 편집
(시를 좋아하는 산해, 독자들과 만남)
현) 전자책 출간
〈아침빛이 말을 걸다〉판매 중
현) 부동산 매매 사업자 대표
문학고을 신인문학상 수상
(2025년 8월)
문학고을 등단 시 부문

나이테 외 2편

유범진

세월을 새긴 흔적

한 겹도
소홀히 할 수 없어
켜켜이 커간 물결들

제자리에 서서
수없이 다져본

그들의 맹세

바람이 써낸 이야기와
이슬이 써낸 독백
햇살이 써낸 언어들의 일기장이다

그들이
영원으로 퍼져가는
연흔이다

아파 박힌 옹이와

그해의 겨울은 혹독했는지
눈썹 물결이 더 붉다

세월의 고백과
그리움이 커간
둥근 자서전 한 권

그 그루터기 의자에 앉자
문장을 다듬는
은행나무의 가을을 본다

코스모스

바람이
숨결로만 다녀가도
어깨를 내어주는
여린 네 마음

흔들리며
끝내 미소로 선
가녀린 소녀

가을하늘보다
더 맑고
스쳐 간 맨 처음 고백보다
더 수줍다.

꼭 그리움 품었던
아련한 님 같이

길

바람에
등 떠밀린 낙엽인 줄 알았더니
순리라며 스스로 길을
택하더군

무심한 저 낙엽
이제 바람마저 벗어 버리네

유범진 시인

경남 함양에서 출생.
기업체 대표
문학고을 신인문학상 수상
문학고을 등단 시 부문
〈제79회 2차 공모 당선〉
문학고을 등단 디카시 부문
〈제80회 1차 공모 당선〉
공저
종합문예지 청목 20호

낙엽의 노래 외 2편

유영숙

뜨거움을 기억한다
앞뒤 분간도 못했던 불타는 꽃들을
다가올 서러운 바람을 안다
그 바람의 터널을 지나
꽃이 피어날 것을

그래서 기꺼이 그대 발아래 누워있다

시간의 먼지를 털며

바람에게 묻는다
에렌델*을 향해 떠나간 것들
남아 있는 빛 빠진 아쉬움을
부른 것은 나였을까

바람에 매달려 돌아온
아쉬움 지체였을까
바람의 발톱에 매달린 기억에게
마음 잡히기 싫어
시간을 청소하는 버릇이 생겼다

떠나간 것들엔
나름의 이유가 있다고
미련한 마음에 뒤돌아보다가
또 길을 잃는다

* 에렌델: 129억 광년 거리별, 지구에서 가장 먼 별

외출

가을다운 하늘이다
生이라는 숙제 앞에서 움츠렸던
마음이 창밖의 바람에 요동친다

옷장을 열고 가을 외투를 꺼내고
여름내 외로웠던 외투 있던 자리에
일상日常을 매 달아놓고
옷장 문을 닫는다

일상이 머물기에 숨 막히는 공간이겠지

상관없다

그동안 나를 숨 막히게 한 대가代價를
치러야 할 거야

틈만 나면 일상에서 벗어나는 꿈을 꾸지만
잠시만 그 자리에 머무르면 돼

어차피 허겁지겁 일상으로 돌아올 테니

유영숙 시인

현재 〈유영숙영어학원〉원장. 대학에서 영문학을 전공하고
30여년 이상을 입시학원 강사와 원장으로 지냈다.
어릴 적부터 글을 읽고 쓰고 나누는 일을 좋아했고
책을 읽다가 밤을 지새우는 일도 흔했다.
대학 때 교내 신문사 주최 단편소설부문에서 대상을 수상한 바 있다.
입시학원을 운영하며 말로 설득하고 가르치는
동적인 에너지를 많이 쓰면서,
사물과 사건을 내적인 시각으로 바라보고
그 생각을 정리하며 글을 쓰는
정적인 에너지에 대한 갈증과 목마름을 느끼고 있었다.
위로를 주는 글을 쓰고 싶은 소망이 있다.
문학고을 신인문학상 수상
문학고을 등단 시 부문
저서-
동화 〈한탄강 두루미, 또랑이〉
시집 〈바람은 늘 돌아오지 않는다〉

여의 수족관 외 2편

윤노식

여의 수족관

바로 너
망둥어

묵묵히 종족보호 종족번영
일해야 할 망둥어 녀석

자기가 고래인양
날마다 소리치고
내가 예쁘니 네가 잘 났니

패거리 모여들어
입으론 퇴적물 쏟아내고
온몸 개그 한다고 야단법석

종족들 비웃음
아랑곳하지 않아

잘남 놈 못난 놈들

수족관만 입수하면
너 나 할 것 없이
고래 되겠다고
눈멀어 큰 바다 볼 줄 모르네.

파도 없는 조용한 수족관

언제쯤
동해바다 돛단배 띄우려나.

부조화의 조화

조그마한 마누라 귀
묵화 그림 그리고
팔랑이는 나의 귀
방울을 울리네

묵직한 마누라 입
천년만년 변함없고
입술 얇은 나의 입
사리분별 못 하네

왕방울 마누라 눈
정확한 지적측량
땅으로 처져버린 나의 눈
동서남북 못 가리네

오뚝 솟은 마누라 코
명 코가 틀림없고
생기다 만 나의 코
숨쉬기만 바쁘다네

망중한忙中閑

저녁노을
어둠 내려
산 뻐꾸기 울음 멈춘 산사

쇠북소리 울려

생명 있는 온갖 미물
고요 속
명상에 들어

달그림자 품어 앉은
자그마한 호숫가

초라한 내 모습 비춰
나를 울게 하고

연잎 위에 내려앉은
곱디고운 이슬방울

하염없이
시간만 흐르네.

윤노식 시인

대졸 (경영학)
공인중개사 자격취득(2013)
현, 공인중개사무소 운영
동창제지(주) 현, 한솔제지
경리부10년 근무(1994)
운지지류포장(주) 대표
25년 문학고을 신인문학상 수상
25년 문학고을 등단 시 부문
25년 제80회 1차 공모 등단 당선

90대 노부부의 사별 외 2편

이군호

아내 사진을 저만치 두고
애써 시선을 거두며
딸아이 손에 이끌려
드셔야 한다며 손에 쥐여주는
숟가락을 든다

자식들이 걱정할까 봐
아내의 영혼이 편히 떠나지 못할까 봐
밥을 먹는다
밥을 넘긴다
일어나는 울음을 누르고 누르며
밥을 밀어 넣는다
밥 한술에 시래깃국 한 모금씩,

흔들리는 다리를 앙버티며
애써 밝은 얼굴로
조문객들의 손을 맞잡고
일일이 감사를 표하신다

속으로만 우신다

아! 오열도 못 하시는 사별이
나를 더 슬프게 한다.
맞잡은 손에 힘을 실어
잘 이겨내시길 빌어본다.

숲을 체험하며

오대산
방아다리 약수터
소나무 전나무가 울창한 숲속 펜션
방 한 칸에
아내 아들 딸 사위 더불어
다섯 명이 나란히 누웠다.
나란히 선 나무들처럼
우리도 숲이 되었다.

저 숲처럼
키 작은 나무들에겐 곁도 좀 내어주며
서로 가지를 걸치기도 하며
서로 기대기도 하며
다투지 말고 함께 하거라.
서로 의좋게
거센 비바람과 눈보라도 함께 이겨나가며
더 탄탄한 숲을 만들어 가렴.
사랑하는 아그들아

그리고,
맑은 바람을

은은한 숲 향기를
맑은 샘물을
많은 이들에게 내어주는
그런 사람들이
되었으면 좋겠구나!

하동 금오산을 오르며

배낭을 메고
산길을 오른다
오르막길만 계속된다
숨은 차오르고
땀은 비가 오듯 흐른다
뜨거운 여름
그늘도 시원찮은 위도를 선택한 잘못이 크다
차가운 물을 입 안으로 쏟아붓고 붓는다
면티는 다 젖었고
허벅지는 그만 돌아서라고 아우성이다

머리 위론
케이블카가 연이어 올라간다
그 길엔,
땀도 고됨도 없다
멀리 남해 대교와
그 아래 바다를 내달리는 배들을 조망하며
정상을 향해 올라간다

올려다 보지 말자.

부러워하지 말자.
지금껏 그래 왔듯이
그저 묵묵히 한 걸음 또 한 걸음
무거운 몸을 밀어 올린다

이번 모롱이만 돌아 오르면,
정상인가 싶은데
또 아니고, 또 아니고…
선부른 설렘마저 지워가며 오르고 또 오른다

대개는 이렇게들 산다.
그렇게 위안 삼으며

이군호 시인

1961년 4월 출생,
부산고등학교 졸업,
부산대 국어국문학과 졸업,
성광여자고등학교 국어 교사로 근무,
명예퇴직
문학고을 신인 문학상 수상
문학고을 등단 시 부문
공저
'종합문예지 청목' 다수 참여

체스판의 생각 외 2편

이세미

한 사람은 사랑했다.
한 사람은 좋아했다.

내가 머리를 돌리면

한 사람은 웃고
한 사람은 울었다.

내가 고립시키자

한 사람은 끝장을 보겠다는 듯
야생마 같았다.

한 사람은 살려달라 애쓰는 어린 토끼
같았다.

나는 손으로 그 판을 멈추었다.
그리고 나는 어린 토끼를 구제하듯 쳐다보았다.

그 아이도 한숨 쉬며 웃겠지.

판타지몽

젠은 노란빛 요정이었고
잔은 검은빛 요정이었다

치유의 요정은 젠이었고
악마와 싸우는 요정은 잔이었다.

젠은 연구실에 치유의 마약을
공부했다.

잔은 그런 왕실의 왕과 여황을
돌봐 드리느라 쉴 새 없이 마법 봉을
흔들었다.

적은 매우 빠르게 달려와도
1초에 악마의 땅에 얼굴을 묻었다.

그리고 수십 간에 젠에게
치유의 마약을 구걸한다.

젠은 치유 대신 독약을 선물한다.

사랑하는 나

아침에 일어나면
머리카락이 머리를 덮는다.
눈에는 끈적거리는 이물질에

잠시 잊은 이불을 몸까지 끌어
앉는다.

빛이 보이는구나!
하루가 피는구나!

세상이 환한 아름다운 꽃처럼
투명했다.

나는 곧장 거울을 보았다.

이것이 여자의 심리일까?

별 볼 일 없는 외모에
나는 그녀를 사랑했다.

이세미 시인

87년생 전주 거주
기전대학교 사회상담학과 졸업
사회 복지사 2급
문학고을 신인문학상 수상
문학고을 등단 시 부문

손바닥 외 2편

이세종

양손으로
쪼물쪼물
햇살을 만져요.

간질간질
바람이 웃으며
말랑말랑
하얀 구름 데려왔어요.

꾹꾹 꾹꾹
쥐었다 폈다
불끈불끈
심장이 뛰어요.

문질문질
배를 문지르면
손바닥이
약손이래요.

손주와 할아버지

아가가 보고
웃고 있어요.

할아버지도 보고
웃고 있어요.

아가가 할아버지
손가락을 잡았어요.

할아버지가
아가 손을 잡고
발을 흔들어요.

아가가
할아버지 손을 잡고
발을 굴러요.

할아버지가
머리를 흔들면

아가가

양팔을 저으며
큰소리로 웃어요.

할아버지는 이제
머리도 흔들고
엉덩이도 흔들어요.

고구마 소리

뽀드득뽀드득
장작불이 웃으며
지글지글 밤을 태워요.

푹 푹
고구마 숨소리에
단내가 나요.

호호호
할머니가 젓가락으로
폭 폭 찔러봐요.

나는 달려가
그릇을 들고 서서
고구마를 보면

할머니는 노란 것을
푹 찔러 주며
웃음도 함께 줘요.

이세종 시인

군장대, 원광대 사회복지학 겸임교수
전주비전대학교 건국사이버평생교육원 교수
익산장애인권익문제연구소 대표이사
사단법인 새해밀 센터장
문학고을 선집, 청목 다수 출품
우수작가상, 최우수작가상,
문학고을 청목문학 작가대상 수상

알레르기allergy 외 2편

이애리

달라도 너무 다른
다를 수밖에 없는
달라야 하는 둘이 한 공간에서
서로의 주위를 돈다

자석에 이끌리듯 하다가 멀어졌다가
비 잉 돌아서 다시 극과 극이
극과 극을 당기고 밀어낸다

맹수와 매일 마주치면 친해질까
스치기만 해도 경련하다가, 가끔
쇼크와 부작용이 치료의 목적이 되기도

공생과 평생이란 시간이
조금씩 적응을 주입하고
서로의 길들이기에 나서 주었다.

뒷모습

그 많은 시간을 어떻게 보냈는지
말하지 않아도 되는 곳에
그간의 세상이 걸터앉은 어깨가 있다

햇살 얹히고 달빛 미끄러져 같이 가는
큰 웃음과 작은 송사에
물기 머금은 정이 한가득한

남인 듯 남의 일인 듯
왔다가 사라진
뒤에 있는 뭇 다른 시간들

달력의 탄력이 줄고
한 꺼풀 남은 겉이 추위를 탄다
시간은 바삐 몰려오고

불현히 달라지는 기울기를
마주 볼 수 없는 아린 시선이 묻어간다

모색은 새로워서 언제나 분주하다
마지막이란 늘 평범한 것

남은 것 없으면서, 남긴 것이 많아

빠르게 멀어지는, 말 없는 뒷모습을
따라가 마주하기 어렵다.

고립된 애도

그날을 그날이라 칭하고
그 골목을 그 시간이라 한다

회복 불가능한 상흔의 나무와
집단 트라우마가 문신으로 남은 곳과
모든 신뢰를 논하지 않게 된 곳에
위험의 수용과 전가한 고통의 쳇바퀴가 돈다

위험은, 성장의 필연적 대가인가
혼자 감수해야 할 비용인가
모호한 원인이 은폐였던 것처럼
나의 불행은 나의 책임이거나 사회이거나

무책임은 그렇게 변질된 고통으로 온다
상실된 슬픔을 구조할 수 없어
고립된 투쟁이 확산되고
고통은 건너 건너로 전가되었다
이제, 그만 잊으라는 압력이 문화가 될 줄

새로운 위험의 봉쇄는 성찰을 마비시킨다

존중은 진실과 정의에 있는데
거부한 위험은 실패한 시스템에 있었다

운이 없는 게 아니었고, 실패였다
외면 없는 연대가 거짓이었던 것처럼
슬픔은 일회용이었다.

이애리 시인

경남 마산 출생
1989년 '월간 에세이' 신인상
'살아있는 돌산' 외 3편
1992년 '샘터사' 동화 부문
'나도 새처럼 날고 싶어요' 수상
2023년 '세계직지문협' 단행본 여행수필집
'만나러 간 만나고 온' 수상
2024년 '효동문학상' 수필창작문학상공모
'마음문 여는 길' 외 1편 수상
2025년 '문학고을' 신인문학상 수상,
시부문 등단
'쪼개기', '플라스틱 거울이 다가와' 외 1편
2025년 광화문 광장 '시' 공모전 서울 시장상
우수상 수상.
현재: 충북여성문학 여백회, 금요시동인,
글마루 회원.
현) 충북여성문학 여백회, 금요시 동인

난산(도자기) 외 2편

이일두

장작 타는 소리가
밤의 깊숙이 내쉬는 숨을
동질의 얘기 나누다 깊어지면
청정한 소리 담으러 깨어 있습니다.

불의 색깔을 보면서
기운 회염을 감싸고 돌아
온몸으로 받아들인 시간들이
돌고 돌아도 한결같은 모습입니다.

듣지 않아도 가름하는
밤하늘로 끝없는 소통으로
아름다운 삶을 되돌리며
밤새 들은 소리 마음에 담습니다.

온몸이 뜨거워 애절히 삶을 찾을 때
육신의 욕심을 다 태우고
불길이 휘돌며 넘아간 곳에서
눈에 보이지 않는 선을 그립니다.

고이 간직한 깊이를 알 수 없는
밤을 태우다 남은 깊은 마음에
불꽃과 함께 타버린
맑은 영혼의 소리가 들립니다.

유하지 않으면 견딜 수 없었던
끝없는 고뇌를 지우는 불길따라
걸으며 지워낸 마음을 담은
포응의 자태의 자비가 보입니다.

홀씨

달빛 아래 홀씨 바람에 날려
그리운 얼굴 밤새 그리워 새긴
마음이 닿은 곳에서 싹 틔우면
은은히 향기가 먼저 펴지는 것은
밤마다 꽃을 피워 그대에게 바칩니다.

별빛 아래 홀씨 바람에 날려
함께한 장소마다 추억들이 살아나
아름다운 곳에 닿아 싹 틔우면
은은한 향기가 먼저 펴지는 것은
곳곳에 꽃을 피워 그대와 함께 합니다.

별똥이 쏟아지는 새벽에 홀씨 바람에 날려
그대 위한 바램의 마음이 간절히 살아나
기도 위한 무릎 꿇은 곳에 싹 틔우면
은은한 향기가 먼저 퍼지는 것은
간절히 꽃을 피워 그대에게 바쳤기 때문입니다.

생기가 넘치는 아침에 홀씨 바람에 날려
날마다 더해지는 꿈을 꾸는 아름다운 마음이

햇빛 닿은 곳마다 고운 목소리로 싹 틔우면
은은한 향기가 먼저 퍼지는 것은
아침마다 꽃을 피워 그대에게 인사했습니다.

X는 무한대

기다린 만큼 설레고
설레는 만큼 사랑하고
사랑한 만큼 아파해야 한다.
아파한 만큼 성숙하고
성숙한 만큼 이해하고
이해하는 만큼 바램이 있고
바램만큼 배려가 생기고
배려한 만큼 행복을 나누며
더 깊은 사랑을 알게 된다.
그 사랑이 깊어질 때
깊은 인생의 샘물을 만나
한 모음씩 감사의 목축임으로
맑은 영혼을 길러내며
지치지 않은 생각을 만나는 것이
하나의 진실된 삶으로
인생을 돌이켜 세우며
바른 걸음으로 걸어가고 싶다.
너무나 소중한 인연이었기에
다른 길을 갈 수가 없음을 안다.
다른 길로 걸어갈지라도

하나의 진실로 살아야 하는 것
결코 그 생각이 오염되지 않고
맑은 사랑의 가르침이었음을
오래 간직하고 그 의도를 소중하게
간직해야 한다.
세상에 활짝 문을 열고 두 팔 벌리고
세상을 편안히 안아야 한다.
막힘이 없이 사랑할 수 있게
가고 옴의 생각이 아니라
자유와 평화의 자리에서 사랑할 수
있어야 한다.
끝없이

이일두 시인

1967년 제주 거주
김천고등학교 졸업
영남대학교 화학과 졸업
문학고을 신인문학상 수상
문학고을 등단 시 부문
공저
'종합문예지 청목' 다수

새벽을 걷다 외 2편

이정범

새벽을 걷습니다.
사직대문 앞 낙엽들이
바람을 따라
이리 저리
굴러다닙니다.

주원의
색바랜 늙은 풀들이
이슬을 머금고 있다가
지나는 발길에 채여
신발을 적셔옵니다.

그 옛날
소나무 광솔불로
새벽을 밝히고
주원을 돌던
어느 병사의 발길에도
이 새벽 이슬이
짚신을
적시었겠지요.

새벽을 걸으며
옛 선조들의 고단했던
그 시대의
아픈 과거의 삶을
생각해 봅니다.

지금 나는
툭~ 툭~ 젖은 풀들을
발로 차며 새벽을
걷습니다.

나무

강가에
버드나무 한 그루
서 있다.
물빛에 자기 모습
바라보며

낮에는
햇살에 비춰보고
밤에는
달빛에 비춰보고
보고 또 보며
하루종일 서 있다.

가끔 안개와
비, 눈이
심술을 부려
시야를 가로질러
그 나무
오늘도 그곳에
서 있다.

물빛에
비친 자신을
하염없이 바라
보면서…

나의 분신들에게

나의 잎
나의 꽃
나의 열매들아
이제는 너희들과
마지막 인사를 한다.

새싹을 틔우고
꽃피우고
열매를 맺어
주었으나
이제는 헤어져야
하기에
너희와의 마지막
손을 놓으려 한다.

그동안
나와 함께
살아내느라 고생
많았다.

나의 분신들아
훗날 너희가
새싹을 틔우고
나의 거름이 되어
준다면
나 다시
새싹을 틔우고
꽃피워 열매 맺을 것이니
그리 알거라.

나의 분신들아
여기까지 함께 해줘서
고마웠다.

이정범 시인

1960년 경기도 양평군 양동면 출생
2001년 다수의 자영업
2011년 국가유산청 창덕궁 근무
2020년 국가유산청 창덕궁 정년퇴직
2021년 국가유산청 종묘 현재 근무중
2025년 문학고을 신인문학상 수상
2025년 문학고을 등단 시 부문
공저
2025년 "종합문예지청목" 참여

꿈의 날개 외 2편

이지선

꿈꾼다는 것은 이석증 같다
그것이 맞다고 이야기하는 쉬운 얼굴들
세상이 빙빙 돌고 있다

오늘도 종일 꿈. 알레르기 같은 재채기,
같은 세상을 꿈처럼 날 수 있다면
무섭지 않을 막다른 오늘
언제나 꾸었던 꿈을 정리하며 삼켜버린 진심은
그리 새로울 게 없는 매일 먹던 찬밥 같다

돌아오지 않을 과거에 뒤척이던 밤
시작은 늘 현실에서 타협점을 찾는다
현실에서 꿈을 꾼다는 것은
하늘과 날개를 잃지 않으려는 것
밥에 잠식당하지 않으려는 것

오늘도 꿈을 이룬 사람들에게 박수를 치다
재채기가 튀어나왔다
뒤척이던 지난밤을 큰 숨으로 뱉어도
체한 듯 낫지 않는 귀앓이
윙윙 날갯소리 어지럽다

프랑켄슈타인

나는 앞이 없는 사람
뒤와 뒤가 합쳐져 얼굴이 없는 사람
입이 없는 사람
겨울 한밤의 추위에도 입김 하나 내뱉지 못했다

겨울에도 눈은 내리지 않았고
크리스마스는 존재하지 않았다

콧물, 눈물도 없이 갈 수 있는 방향도 없이
한겨울 뒷모습만을 보이며
다정하게 한 사람에게 웃어 주지도 못했다

나의 서늘한 손을 말없이 잡아주던 사람도
나의 얼굴이 없음을 탓하며 떠났다

모두 다 가버리고 혼자 남은 그네에 앉아
말없이 흔들리고 있던 밤에도
홀로 뜬 달을 보며
행복해지자고 다짐을 해도 앞은 보이지 않았다

나는 그렇게 앞이 없는 괴물이 되기까지

불과 몇 초가 필요했다

나는 내 눈을 바라보지 못한다
하고 싶은 말을 쏟아내지도 못한다
그저 왜 태어났을까 라는 질문으로
청춘이 지났다

괴물은 아무것도 부시지 못한 채 나를 파괴했다
끝내 모든 것들을 망가뜨리고서야 알았다

그렇게 사랑받고 싶었나
그렇게 외로웠던 거니

한없이 울고 있는 나의 뒷모습은
누구보다 슬픈 이의 뒷모습을 알아보았다
그렇게 나는 초능력이 생겼다

도둑

누가 나의 과거를 훔쳤나

엄마의 맏딸은 세상에 둘도 없는 모범생
아빠의 맏딸은 제일 부지런한 살림꾼
나는 기대와 바람을 가득 넣은 풍선처럼 떠 다녔다

가라앉고 싶은 풍선은 없지만
터지고 싶은 풍선도 없다

바람은 나를 어디론가 데려갔고 기대는 나를 키웠다

내 안에 가득한 바람이 새어 나갈까 말을 잃었고
가득해져 버린 기대가 무너질까 계속 올라갔다

언젠가 멈출 내가 두려워 조금씩 숨을 뱉으려 했다
숨을 멈추며 가끔 터져버리기를 바랐다

그런데
끝이 아니다, 나조차 포기한 삶 위에 더 살아내야 한다

혼미한 하늘 위에서 바라본 세상
누가 나의 과거를 훔쳤나

내 가슴에 맺힌 풍선들이 터져 나갔다
핑계를 만든 죄책감에 부모의 얼굴도 제대로 보지 못했다

원하지 않던 바람과 기대가
나를 돌이킬 수 없는 하늘 위까지 떠 밀었다

태어나 내가 한 선택이 그렇게
책임감을 주렁주렁 달아야 할 몫인 줄 몰랐다

가슴에 맺힌 말들을 꺼내려는데 무슨 말을 해야할까
미안합니다
도둑은 없었지만 존재했고 때로는 너무 많았다

내 과거는 그렇게 풍선처럼 쪼그라들었다
쭈글쭈글해진 한때는 팽창했던 모든 자국에 도둑의 흔적을 남겼다

이지선 시인

2022 문학고을 신인문학상 시부분
2022 문학고을 최우수상
2022 〈모퉁이가 있다〉 시집 출간
2023 부평구문화재단 시소 입주 작가 (창작부분)
2023 연희동 문학창작촌 12월 입주 작가
2023 〈내 마음이 지옥 같아서〉 시집 출간
2023 인천시 신진예술인 시 부분 선정
2024 문학고을 청목문학상 (작가대상) 수상
현) 문학고을 등단 심사위원
시집 〈서평 전문가〉

〈공저〉
2025년 "종합문예지 청목" 인문학 기고
〈저서〉
2024년 신작 환타지 소설 〈서점마계〉 출간
2025년 시작 세 번째 시집 〈흰 달〉 출간

뿌리 외 2편

이현숙

봄 새싹을 뿌리고
하얀 물을 뿌리고
붉은 해를 뿌리면
자생하라고
공생하라고
인忍을 더하면
그루터기가 생기네요

한 해 지나면
삶의 흐름으로 나이테가
쑥쑥 넓혀지고
걸어가는 다리도
회색빛 숲의 터널을
가기 위해 질주하네요

그곳엔 세월 문제가 있고
해답이 있어 시련도 쌓아가지요

햇살이 풍부하니
봉우리의 모습은 서둘러 볼 수 있어

펼치는 발, 다리가 굵어질 때까지
세월이 모아지네요

보이지 않는 힘이 내려가는 날
더 강건한 뿌리가 살아 있을 테죠

떨어진 얼굴

그녀를 보았다
발자국 사이에서
판자촌에서
고태길에서
숨 한번 쉬는 것도 사치였던
책상 하나가 유일한 재산
10리 길을 자식들에게
손잡고 가라며 떠밀던
그녀가
내 곁으로 가까이 다가온다

바람이 불면
머리를 휘감으며 자리 잡고
모자 위에 터를 만들고
어깨 위에 다소곳이 내려와 앉는다

세월의 곡예를 잊고서
바닥에 등굽어 엎드려 있고
붉게 그을린 얼굴에는
고뇌의 잡티와

세월의 기미가 얼룩져 있다

가을이 깊어질 때면
바람에 이리저리 뒹굴다
발길에 바스락 뭉개져 간다

살랑이는 얼굴은
봄이면 새롭게 매달리지만
어머니 얼굴은
새로 태어나야만 없어지는
맑은 모습으로 피어난다.

반죽

반죽을 만들어
왼쪽으로 치고 오른쪽으로 치고
위아래로 접어 치대어 본다

생각한 대로의 모습은 아니지만
그래도 다시 주물러 본다
구워내면 이떤 모습일까
궁금하여도 결과는 아무도 모른다
삶의 반죽을 어떻게 해야만 할까
행복한 마음과
솔직함, 배려심을 가미시키고
성실함을 듬뿍 넣어보면
원하는 모습으로 가져다 줄지
또 어떤 실패와 정성으로 치대야 하는지
잘 만들어졌는지 알 수 없다

반죽으로
모든 이들의 마음을 안다면
삶을 바라보는
마지막이 올 테지

이현숙 시인

1960년 서울 출생
김포문예대학 문예창작과정
제21기, 22기 졸업
문학고을 신인문학상 수상
문학고을 등단 (시부분)
문학고을 최우수작가상 수상
문학고을 제5회 청목문학상 수상
현) 문학고을 자문위원
공저
'종합문예지 청목' 외 다수

겨울 강가에서 외 2편

임성환

겨울 샛강
얼음장 밑으로 흐르는
깊은 허무
달빛에 길게 누운 그림자
숲을 향한다

찬바람 하릴없이
박명의 어둠을 흔들고
빈 하늘엔
토막난 달빛
숨죽여 흐느끼는데
먼 하늘 바라보는
젖은 눈이 시리다

그리움 눈썹에 묻고
쓸쓸히 돌아서는 길
하얀 침묵의 눈길을
수묵화 한 획을 그으며 간다

겨울강은 말이 없다

강변 사색

겨울 햇살 하얗게 부서져 내리는
강가에 홀로 앉아
색색의 자갈밭에 빈 마음
풀어 놓는다

성에 낀 하늘에
하얀 꽃 잎 하나 띄우고
쓸쓸한 것들의 조각난 음표들을
텅 빈 허공에 토해낸다

지난 열정의 시간들
더 이상 머물러 주지 않고
회억의 퇴색된 자락들
굴절하며
굴절하며
강 속으로
강 속으로 투신한다

흘러간 무위의 언어들
강 저편을 허위허위 떠다니고
매몰찬 상실의 기억

강바닥 깊이 퇴적되어 간다

낯선 바람 줄기 하나
시린 뺨을 때린다

잔설 풍경

산 그림자 길게 누워
밥 짓는 연기 그윽한
시골 마을을 감싸고 있다
아늑한 초가 지붕 위
잔설이 희끗한데
담벼락을 넘는 구수한 정담들
골목에 온기를 채운다

언덕 너머 소리없이 흐르는
얼음 풀린 강물
금빛 햇살을 튕겨 내고
은빛 물새떼 자맥질에
방울지는 물보라
무채색의 그리움을 부른다

무욕無欲의 강둑에 서서
어쩌지 못하는 심사心思
살구빛 노을에 담아
지나는 바람에 실려 보낸다
강바람이 차다

임성환 시인

53년 부산 출생
홍익대학교 도안과 및 동대학원 광고디자인학과 졸업
단국대학교 대학원 응용미술학과 수료
현 한국디자인트렌드학회 자문위원
문학고을 등단 시 부문
문학고을 신인상
문학고을 최우수작가상
청목 15, 16, 17, 18호, 19호, 20호 시 부문 참여

첫사랑은 안동역에서 만나는 것이 아니다 외2편

임정숙

첫이란
언어는 모든 것을 설레게 한다
처음처럼
첫사랑
첫걸음

아득히 먼 옛날
천둥같이 가슴이 뛰고
얼굴이 복사꽃같이 붉어지던 날
그 마음 들킬세라
그림자도 피해갔던
어린 시절

때로는 가슴아파 베갯잇을
적시고
때로는 보내지 못 할 편지를
썼다 지웠다 눈물꽃이 피고지고

세상을 다 얻은 듯이
그의 마음을 잡았다 폈다

술래잡기를 했지만…

세월이 흘러
석류같이 빨갛게 익은
마음을 고이 펼쳐
보내드리고 싶지만

첫눈은 오지 않고
안동역은
첫사랑을 잊은
사람들의 발걸음으로
덧없이 지나간다

어머니

장군같은 어머니가
걸어오셨다
첫 상견례하던 날
친정어머니는 고명딸을 시집보낸다고
꽃같이 뵈달라고 머리 조아리고
큰 성같이 당당한 어머니가 계시더라

첫딸 낳던 날
친정어머니는 차마 딸아이의 산고를
보지못해 정한수 떠놓고 아기를 맞이하고
어머니는 며느리의 산고를
대견하게 쓰다듬더라
작은 동산처럼

첫 손주 시집가던 날
아가 아가 우리 아가
남의 눈에 꽃같이 들고지고
남편이랑 청실홍실 잘 엮어서
살아가라 춤을 추신 어머니는
길가에 핀 할미꽃같더라

시아버지 이 세상에
소풍을 마치신 날
어머니의 가느린 어깨 위로
저녁햇살이 머무는데
툭하고 떨어지는 오동잎
같으시더라

산이었고
동산이었고
할미꽃이었고
오동잎같았던
어머니가
지금 늬엿늬엿
해저물듯이
고개를 넘어가고 있어요

김장하는날

낙엽이 뚝뚝 떨어지는 날
바람은 그 잎들을
데리고 겨울을 데리고 왔다

배추는 세 번 정도 얼었다 녹았다를 반복해야
배추 안이 노래지고
단맛을 머금는 거라고…

무시는 귀한 햇볕받아
웃머리가 초록이어야
가을이야기를 담은 거라고

고추는 초로기가 빨간기
되기까지 천둥도 머금었고
소나기도 맞았다
그안에. 까만씨는 그만큼 속이 탔던 게지

마늘은 겨우내 뾰족뾰족 잎을 내고
땅심과 싸웠다 풀어졌다를 되풀이하고 그 앙금으로
흰덩어리를 키운 것이다

남해안 어느 바다에서
은빛 등어리 반짝이던
멸치도 순한 어부의 그물에 걸려 소금으로 길들여져
지 살던 바닷맛을 짭쪼리
하게 살려냈다

배추도
무시도
마늘도 고추도 멸치액도
한겨울 어느 하루 어머니의 어머니로 이어져
빨갛게 버무려진다
니가 잘난 게 아니라
우리 모두 어우러져

어머니의 어머니 시절부터
긴 겨울을 장독대에서
혹은 땅속 깊이
그 집안의 전설처럼
그렇게 익어가는 것이다

마늘은 겨우내
뽀족뽀족 잎을 내느라
땅심과 싸웠다 풀어졌다를
되풀이하다 그 앙금으로 흰덩어리를 키운 것이고

임정숙 시인

65년 경남 밀양 출생
부산 금정구 마을 문화기획가
향토 이바구꾼으로 활동 중
문학고을 신인 작품상 수상
문학고을 시 부문 등단
시집
'꽃이 진자리 다시 보는 금정 이바구'
공저
문학고을 시선집 및 청목 다수

그리움이라는 이름의 풍경 외 2편

정석원

어릴 적
세상에 눈을 뜨던 날
동심에 새겨진 첫말–
하늘, 바다, 바람, 그리고 구름

세월이 흘러
세상을 조금 알게 되었을 때,
그 모든 것들은
그리움이라는 그 물속으로
풍덩––
잠겨 버렸습니다.

가슴 한켠 앓는
그리움의 홍역은
"기다림" 이라는 미련을
동무 삼으라 하네요.

오늘
그 친구와 벗이 되어
하늘은 도화지가 되고

바다는 한 폭 풍경이 되어
붉게 물든 가슴을
조용히 적셔 봅니다.

바람은
나직한 넋두리 되고
구름은
말 없는 하소연 되어
또 하나의 벗이 됩니다.

계절을 건너, 달을 닮은 너에게

봄이 와도
네 손을 잡을 수 없었지
벚꽃은 피었는데
우리는 서로를 향해
조금 늦게 물들고 있었어.

여름밤엔
달이 유난히 컸어
너를 보고 싶은 마음도
그만큼 커졌고
별빛 아래 수없이
네 이름을 불렀다

가을이 지나며
우린 한 장씩
추억을 접듯 편지를 아꼈고
낙엽처럼 쓸쓸한 마음을
계절 탓으로 돌렸지

겨울엔
말이 줄어들었어.

눈 내리는 소리보다 조용히
서로를 기다리던 밤들—
달빛 아래, 우리 사랑은
얼어붙지 않으려 애썼지

이렇게
계절이 몇 번이고 바뀌는 동안
달은 늘 그 자리에 있었고
별은 우리를 내려다보았지

그래서 지금도
하늘을 보면 네가 있어
달이 네 얼굴을 닮았고
별이 네 마음을 닮았거든

우리의 사랑은
계절을 따라 흐르되
시간을 거스르는 마음으로
늘 그 자리에
달처럼, 별처럼

하얀밤

그리움은
홀씨 되어
바람을 탄다

보내지 못한 마음이
창문을 두드릴까
가끔, 설렌다

미련은
잠을 훔치고
새벽까지
말을 건다

야속한 밤,

오늘도
하얗게
비워진다.

정석원 시인

아산 거주
서원대학교 일반사회교육과 졸업
공주대학교 대학원 사회교육과 수료
문학고을 신인문학상 수상
문학고을 등단 시, 수필 부문

탈춤 한마당 외 2편

정석호

둥근 원 크게 그리며 멍석 위에 모인 구경꾼들
옹기종기 서로의 온기에 기대어 앉았네

쿵! 쿵! 울리는 북소리 장단 가슴을 두드리고
삐리~ 삐리리~ 태평소 가락 바람을 타고 휘돌고
따단~ 따다단~ 장구 소리 경쾌한 화음 얹고
떠덩~ 떵떠덩~ 꽹과리 흥이 물결처럼 넘실거리고

악사가 빚어낸 연주 소리의 날개 펼쳐서
허공을 종이학처럼 높이 날아오르면

하늘도 흥겨워 덩실덩실
말없이 흐르던 낙동강 그 흥분 잊지 못해
가던 길 멈추고 벚꽃 같은 하얀 웃음으로 출렁이네

오방색 더거리 흔들흔들 춤추고
삼색 소매 끝 흩날리는 흰 한삼
휘어 감는 손놀림 춤사위
바람결 되어 하늘 향해 걸려 있네

보름달 같은 함박웃음, 천사의 얼굴 하회탈!

가면 속 얼굴이여!
한 많은 세월의 눈물, 어디에 감추었나?
가슴 깊은 삶의 고통, 어디에 묻어 두었나?

니의 밝은 미소,
누구를 위하여 스스로 빛나는가?
마음속 되뇌는 물음, 영혼의 불꽃으로 타오르네

"자, 우리 춤이나 추고 놀아 보시더"
"춤추고 노자꼬? 그래! 좋~지 좋~아!"

탈꾼의 외침,
세상 근심 걱정, 한줄기 바람처럼 흩어져 별빛이 되고

보는 이들 마음까지 흥으로 채우니
내 영혼 웃음꽃이 만발하네

어깨 위 햇살은 춤추고

손끝 따라 오방색 물결은 살랑살랑

구경꾼들 입가에,
하회탈 닮은 넉넉한 마음, 꽃잎처럼 피어나고
묵직한 삶의 주름, 힘들게 살아온 인생 이야기 들려 주네

하회 마을 북소리, 심장의 두근거림으로 울려 퍼지면
그리운 옛 미소, 하늘로 번지고

하회탈 웃음,
아픈 상처, 구름 사이 햇살처럼 따뜻하게 감싸주네
시간을 넘어 영원히 기억되는 따뜻한 울림으로 남아 있네

간재비와 등 푸른 밥상

눈부신 아침햇살 밀려와
시장 골목 유리창 틈새로
잠든 가게 주인의 숨결 어루만진다

오늘도 새벽이슬 깨우며
상인은 고등어 한 트럭 싣고 와
동해의 푸른 파도처럼 쏟아붓는다

끼룩~ 끼룩~ 뒤따르던 갈매기들
아쉬운 울음, 한 줄기 남기고 구름 속 바다로 사라진다

비린내는,
낡은 그물에 걸린 먼지처럼 걸려 있고
코끝을 스치는 바다 내음 일상을 깨운다

졸음에 겨운 눈 비비며 문 여는 가게들
터벅터벅 느린 걸음은 언제나 자식들을 향하고

졸음에 겨운 고등어들,
끈적이는 바다의 기억 품은 채 살며시 눈뜨면

차가운 물 한 바가지 푹~
화들짝 놀란 몸짓으로 반짝이며
서로 얼굴 마주 보며 방긋 웃는다

투박한 손, 굵은 소금 한 움큼 움켜쥐고
고등어 속살 위로 스치듯 첫눈처럼 흩뿌리면

꿈틀대는 은빛 비늘, 은하수 되어 반짝이고
손끝마다 묻어난 바다 내음
막 건져 올린 푸른 파도로 춤춘다

시장으로 팔려간 간고등어
"얼마이껴?"
"만 원 이시더"

밝은 웃음 속에 담긴 삶의 무게
진한 여운으로 남는다

타는 입술 같은 저녁노을
검붉은 구름 사이로 태양을 삼킬 때

밥상머리 한가운데 놓인
고등어 한 마리

부모님은,
흰 살점 밥 한 술 위에 얹어주고
자식들만 먹여주었네

그 시절 모든 게 부족했던 기억은
뜨거운 눈물 되어 흐르고
고등어 눈에 맺힌 슬픔
나의 가슴을 울먹이게 하네

오늘도 누군가의 하루를 품고
내일의 희망을 바라보며

등 푸른 고등어처럼 퍼득이며
살아가는 이곳!

누구의 손길로 우리의 밥상에
올려지나?

삶의 쉼표 오일장

중앙 신시장 도로 옆,
어둠이 걷히기도 전, 먼저 자리 잡은 사람들

어디서 왔는지 묻지 않아도
보름달 같은 환한 웃음으로
"잘 지냈니껴?" 인사가 오간다

깊은 산골 돌고 돌아
힘겹게 채취한 나물, 흙 내음 그윽하고

밤새 이슬 머금은 푸른 채소
자식처럼 고이 좌판 위에 올려놓으니
아침 햇살 따라 웃으며 춤춘다

저기~
붉은 태양 한 소쿠리 이고 온 할머니,
깊은 세월의 흙내를 내미는 무뚝뚝한 할아버지,

이마 주름은 세월의 강물처럼 흐르고
거친 손 마디마다, 자식 뒷바라지 위해 소처럼 일해온

일상이 문신처럼 새겨져 있네

굽은 허리 위에 얹힌, 악착같이 살아온 삶의 무게
그 위에 자식들은 꿋꿋하게 자라났다

이제는,
느릿느릿 한 걸음마다 잊힌 세월
땅만 보며 걷던 발걸음도
가끔은 멈춰 푸른 하늘 올려보며

"오늘 날이 좋네!" 말하고
깊은 숨 한 번 몰아쉬고 나면
주름진 얼굴 위로 미소가 번진다

장터 한쪽 모퉁이,

엿장수의 흥겨운 품바 춤, 하늘문을 두드리는 몸짓

찰칵~ 찰칵~
가위질에 어깨춤 절로 나고

낡은 세월의 무게, 달콤한 엿가락마다 스며드네

막걸리 한 주전자, 파전 한 장
실없는 농담 한마디가 웃음 되고 노래가 되어

고단한 인생, 잠시 쉬어 가라 하네

흥겨운 가락, 시장 골목을 포근히 감싸안으면
장터는 사람 냄새로 익어간다

상인과 손님이 흘린 땀방울, 정다운 이야기꽃
우리들 가슴에 향기로 남아 역사와 전통을 이어간다

오일장은,

때로는 힘겨운 일상이었고, 생활의 터전이었으며
우리네 부모님의 사랑이었다

정석호 시인

LG CNS 34년 근무(입사 ~ 정년퇴직) - 부장/책임
LG산전 전산실 - 10년 근무(창원 공장)
서울 본사 -24년 근무(최종 근무지- 마곡 LG사이언스 파크)
LG CNS 재직(수행 내역)
개발자
MRP System Maintenance 및 시스템 개발 Unix, Linux 시스템 프로그램 개발
시스템 성능테스트 도구 개발(OS, WEB, WAS, DB 모니터링)

시스템 구축(SI) Project 수행, 시스템 성능테스트 전문가
시스템 구축 Test Manager, LG CNS 기술 대학원(전문강사)
LG CNS 테스트관리자 과정(최초 개발), LG CNS 테스트관리자 과정(강의)

저서
시스템 통합모니터링 도구 사용 및 활용법
성능테스트 스크립트 작성 가이드
정년퇴직 후
시스템 성능테스트 프리랜서(Freelancer)
문학고을 신인문학상 수상, 문학고을 등단 시 부문
공저
문학고을 '종합문예지 청목' 참여

시집 가는 날 외 2편

정선녀

산골 언덕빼기 아래 알알이 여무는
보라빛 희망을 심었다

싱그러운 초록의 향연
쏟아지는 햇살

반짝이는 사랑의 잎새

외롭지 않기 위해 올망졸망
가족 열매 맺었다

파도치는 세찬 비바람
커다란 잎새로 이불 삼아 덮어주었고

떨어지지 않으려
어미곁에 매달렸다

새 하얀 날개옷에
향기 품어 단장하고

꽃잎 날리는 바람길 따라
사뿐 사뿐
포도는 시집가네

가을 소리

방앗간 발동기 소리에
온 동네가 들썩인다

메뚜기들 폴짝폴짝
뛰어노는 가을볕에

달큼한 가을이 익어간다

바람에 일렁이는 황금빛
다랭이 논

참새들 모여 지절거리다
어디론가 날아가고

아이들은 둥글게 쌓아 놓은
볏 짚단에 올라가

별을 헤이다 잠이 들면
그속으로 오롯이 파고드는
그리움 한 점

세월 지게

커튼을 드리운 하늘이
안개를 가르며 새벽을 깨운다

햇살은 봄날같이 밝아오고
물빛처럼 반짝여도

인생은 알 수 없는 미로의 수레바퀴

구름은 소리없이 떠돌며
나처럼 살라하는지

거미줄처럼 타 올라도
날개 없는 하늘 바라기

비구름에 가득 실은
삶의 무게

헝크러진 잡풀처럼
흔들려 떨어진 나뭇잎처럼

머금고 비워내는

세월 지게

정선녀 시인

전북 장수 출생
남원시 춘향 문학회 회원
미당 문학회 회원
사)한웅협회 시낭송 국회의원상 수상
2024년 문학고을 등단
2025년 문학고을 우수작가상 수상
공저
'문학고을 종합문예지 청목' 다수

노숙인 외 2편

정인수

사람은 누구나 마음속에
우주를 품고 있다

종횡무진 걸으며
바리톤으로 횡설수설하는 그는
우주의 누군가와 소통하고 있음이다

그가 하는 말을
지구인은 알지 못하지만
그는 끊임없이 우주인과 교감한다
문득 고개 들어 밤하늘을 보니
별 하나가 반짝거린다

밤새 비 내려 그가 무사할까?
새벽녘 둘러봐도 보이질 않으니
또다시 내 고개가 하늘을 향한다

어느 노숙인
우주와 소통 잘 되어 무한궤도를 타고
그제 그 별로 순간이동 했으리라

부디 그곳에선 편한 백성 되길

사람은 누구나 마음속에
우주를 품고 산다

시집을 필사筆寫하며

학창 시절 펜글씨 쓰던 추억이
새록새록 피어납니다
꼬박꼬박 정성스레
교본을 따라 베꼈었지요
선생님이 칭찬해 주셨어요
잘 썼다고

읽기만 할 때보다
詩語의 감성이 더 잘 다가옵니다
새벽 고요 속에서는
펜 구르는 소리까지 나직이 들려요
오직,
시와 나만의 시간입니다

내 누님

울진 어느 오지의 땅에서 태어나
초등학교는 세 군데 옮겨 다니고
중학교는 10리 넘는 길을 걸어 다녔지
멀리 대구까지 유학 간 내 누님

누님 나이 40일 제
허 참, 이찌히면 40 나이를 다 먹을 수 있냐고
끌끌 혀를 찼었는데
그 누님이 이젠 80을 눈앞에 뒀네

자식 먼저 보낸 단장斷腸의 아픔으로
곧 쓰러져 죽을 것 같더니만
모진 목숨 우뚝 다시 일으켜
오뚜기 같은 삶을 산 내 누님이시여

갈매기 나는 바닷가에서
새우깡 날리며 부르짖누나
그간 친구 많이 사귀었구나
조만간 다시 만나고 싶구나

죽는 날까지 노년의 삶
비록 웃을 일 아니랄 지라도
그저 웃으며 사시길
그저 편안하시길

정인수 시인, 수필가

포항흥해공고 교장 역임, 황조근정훈장(2017)
대구일보 스토리텔링공모전 대상(2022)
한반도문학 수필부문 신인상 등단(2024)
경주문예대학 수료(2025.2)
문학고을 신인문학상 수상(2025)
문학고을 등단 시 부문
공저
문학고을 '종합문예지 청목' 참여

여명은 침묵으로 온다 외 2편

조영애

어둠은 침묵으로 내려와
소리 없이 길을 덮네
하늘과 땅이 하나 되어
모든 게 멈춘 듯해

나는 길 위를 걸었지만
하나 된 어둠 속에서
기억의 조각을 더듬어도
그림자만 내 발목을 잡네

밤은 내 곁에 머물러
숨소리조차 잦아들고
보이지 않는 물결 속에
나의 마음 흩어지네

어둠이 깊을수록
침묵은 더 깊어지고
그 속에서 나는 천천히
가라앉네

그러나 저 먼 곳에서
새벽은 조용히 오네
은빛 안개처럼 피어나
나를 감싸 안네

빛의 우주가 열리고
나는 그 속에 서 있네
숨을 고르며, 온몸으로
침묵을 마시네

어둠과 침묵과 나
셋이서 서로를 안는
그 순간이, 바로 그 순간이
여명이라네

미친 바람

회색 도시,
회색 사람들 틈에서
잃어버린 시간을 찾는다.

잃은 것이 시간뿐일까.
정수리 위로 미친 바람이 분다.

잃어버린 시간,
미쳐버린 바람,
온통 회색인 세상
어느 것 하나 제대로 된 색도,
제대로 된 시간도 없다.

미친 바람은
방향조차 잃은 나를 붙잡아 흔든다.
뒤틀린 마음을 흔들고,
무거운 공기를 갈라
작은 불씨마저 꺼버린다.

회색빛 속에서
나의 그림자도 부서진 채

바람에 내던져진 낙엽처럼
흩어지고, 날아가고,
다시 모이지 않는다.

나는 바람 속으로 몸을 맡기며
절벽 끝에서 떨어지는 듯한 공포와
타오르는 분노를 동시에 느낀다.
세상은 날 비웃고,
시간은 날 조롱하며,
모든 것이 내 손에서 미끄러져 간다.

하지만 그 미친 소용돌이 속에서
나는 느낀다.
살아있다는 것,
숨 쉬고 있다는 것,
심장이 뛰고 있다는 것
그것만으로도 나는 아직 존재한다.

바람은 나를 삼키려 하고,
나는 그 바람 속에서

깨지고, 부서지고, 흔들리면서도
조금씩, 아주 조금씩
내 안의 중심을 찾는다.

미친 바람 속에서 나는 외친다.
"사라지지 않는다!
휘둘리더라도,
부서지더라도,
나는 살아있다!"

지나는 계절의 기억

늦가을 오후,
햇살조차 숨죽인 시간 속
때를 모른 채 피어난
분꽃 한 송이.

흘러간 말들의 여운이
꽃잎 사이에 넘아
스치듯 마음을 적시고

오가던 사람들의
무성했던 이야기
길가 소복한 낙엽 위에 머문다,

귓가를 스치는 냉기
햇살 따라 내민
고개 숙인 얼굴 매만지고,

분꽃 향기
기억을 깨우는
희미한 흔적.

조용히 드리운 그림자 뒤
한 줄기 햇살에 되살아나는
지나간 계절의 속삭임.

조영애 시인 · 수필가

1960년 서울 출생
전 칠보공예 강사
칠보공예 작가
은공예 작가
한식조리 기능사
문학고을 신인문학상 수상(시)
문학고을 등단(시 부문)
문학고을 신인문학상 수상(수필)
문학고을 등단(수필 부문)
공저 『계간 종합문예지 청목』 외 참여

태화강 정원 외 2편

조현덕

진청색 수채화 뭉게구름
추풍에 농무農舞 놀이
튼튼이 쏘아 주는 빛살
시절 만난 남산의 잎새들
수문장과 취타대 옷으로 갈아입고
긴 머리 여인 머리카락 나부끼듯
싸르륵싸르륵 몸짓한다.

멸치 떼 비늘 같은 억새잎
동풍 서풍 춤 놀이에
인파들도 흥얼흥얼
새떼들도 소풍 나와
이집 저집 보물찾기

강 끝 바다 뱃고동에
일렁이는 파랑波浪
누치 떼는 여기저기서
하늘 낚기에 바쁘다.

각양의 옷차림,

선글라스와 모자,
등에 느린 거북이 한 마리
가까이서, 멀리서 온 상추객賞秋客들
강변 따라, 꽃길 따라, 대숲으로
정원 삼매경에 스며든다.

미풍에 장단 맞춘
십리 대밭 죽림의 학춤
정원 곳곳, 꽃술의 아지랑이
청량제 모금모금에
가슴속 폐기가 사라져 간다.

고래 잡던 선사의 통로
산업화에 시름시름 하던
시민들 머리 맞대 오늘을
만한전석 차림의 향기들
울산의 허파, 태화강 정원.

최고의 특허품 - 소리로 빚은 글

말이 막히자 다스림이 헛디디고,
갓 쓰고 도포 입은 자는 발목을 잡고,
장터의 살림은 더 가벼워지고
민초들의 삶은 피폐해져만 간다.

몰입과 탐구의 시작
구강의 구조와 목소리
새들의 소리와 동물들의 울음
도구들의 모양

밤낮없는 발성 연습
용포를 벗은 시연
큰소리 작은 소리
이 흉내 저 흉내,
밤마다 입술이 갈라지고
새벽마다 혀끝이 다시 싹튼다.

대궐집 들의 목소리가
궁 담을 넘지만
늘어만 가는 문맹
천지에 비슷함이 없는

숨바꼭질 속 연구
번개 같은 눈빛들
천자의 위세를 넘어서는 모험

한 사람의 번득인 생각과 동조
호롱불의 수는 늘어만 가고
절박한 무세에 눌린 어깨
입속은 타들어 가지만,
백성에 대한 애민이 일으켜 세운다.

의지와 투지가 여명을 뚫고 아침을 여니
천지에 없던 새로운 말글 탄생하고
창제와 동시에 반포를 한다.

아이들 노래로,
여인네들의 편지 왕래로,
방물장수의 우렁찬 목소리로 —
날짐승의 울음과 도구의 모양에서 건진 문자가
시장과 사랑방을 건너 널리 퍼져

팔천만이 소통하는 글,

한글이다.

회사

시루 속 콩나물 하나
빽빽한 버스로
일상이었던 출퇴근
꿈을 캐던 곳.

마이카 시대, 장기 할부
꿈의 실현, 희망의 휘파람
휴가 때 가족 태워 전국 일주.

IMF를 몸에 맞으며
달려가던 곳
은행도 파산, 회사들도 줄도산
눈물의 강퇴와 명퇴
벗어나기 위해 몸부림치던
금 모으기 동참
역사에 올린 곳.

생계를 위해
질주만 한 일상
눈앞에 그려지는 흔적들.

어느덧 지워내야 하는 시간
얼마 남지 않는
아직은 그곳.

왕복의 길가
공장, 사무실 풍경
"장강후랑 추전랑*" 고사 떠올리며
더 넣고 싶어 크게 떠지는 눈
유신의 애마**처럼
도착한 곳.

---

* 장강후랑 추전랑(長江後浪 推前浪) : 장강의 뒷 물결이 앞 물결을 밀어낸다.

** 유신의 애마 : 신라시대 김유신과 천관녀에 관한 고사를 칭함.

조현덕 시인

1961.07. 경북 청송 生
2025 삼기산업(주) 근무 중
2025 문학고을 신인문학상 수상
2025 문학고을 등단 시 부문

라일락 꽃과 당신 외 2편

최근용

열린 창문 틈 사이로
바람에 실려 스며드는 라일락 향기는
나를 온통 황홀하게 하고

연분홍 꽃잎 닮은 당신은
말 한 마디 한 마디마다
꽃잎 흩날리듯 향기로우니

수많은 꽃들 중
이 세상에 가장 아름다운 꽃은
언제나 당신입니다

꽃잔디와 행복

너는 꽃을 피우며
아름다운 그림을 그리고

나는 너의 화려함을 보며
행복한 오늘을 보냅니다

언젠가 당신이 내게 말했지요
웃는 나의 모습이 세상에서 가장 아름답다고

그래요 봄은 꽃을 피워 세상을 물들이고
새들은 노래로 숲을 채우니
나는 우리 집에 웃음꽃을 피우면 되겠네요

그래서 아름다운 이 세상에
가장 행복한 당신이 될 수 있도록 해드릴게요

빼빼로데이

오늘을 위해서
며칠 밤을 뒤척였는지 몰라
어떻게 말해야 할지

네게 건넬 선물을 준비하니
심장은 또 왜 이러니

그래도 오늘은 용기 한 번 내볼게
미틈달 열하루
잊지 못할 나의 사랑 고백

너 나랑 오래도록 함께 할래?

최근용 시인

강원 횡성 출생
삼성전자 근무
우리 무역 대표
문학고을 신인문학상 수상
문학고을 등단 시 부문
문학고을 우수작가상 수상
공저- 종합 문예지 청목 외 다수
삼행시 꽃 피었습니다, 디카시 꽃 피었습니다
현) 문학고을 감사
현) 문학고을 경기지부 부지부장

설화雪花 외 2편

최해영

찬 기운 으스스
사늘한 한겨울에
신의 축복인 듯이
하늘에서 내리는 눈

알갱이로 흩날리는
먼지 같은 가루눈

아주 굵고 탐스럽게
뭉친 눈송이의 함박눈

앙상궂은 졸가리에
꽃처럼 얹힌 눈발
하얀 솜털 감싸듯
포근한 눈꽃 만발해

동장군 백단冬將軍 白檀

인제 산골 걷다 보니
이른 감이 없지마는
수지 끝에 새하얗게
상고대가 모락거리고

듬성듬성 시야 트인
오르막길 오르다가
휘어진 눈 쌓인 길로
세찬 발길 내디디며

가물거리는 산세의
경이로운 순백 숲에
감탄사 연발한 사이
오솔길에 다다르니

날카로운 찬바람에도
늘씬하고 곧은 자세로
하나도 흐트러짐 없이
은색 갑옷 우쭐대지요

덕유산 설국德裕山 雪國

영호남을 한눈에 굽어보며
소백산맥 중심부에 솟은 산
웅장한 산세 아름다운 계곡
너무나 두드러진 자연 경관

온통 새하얀 눈으로 뒤덮혀
신비롭게 펼쳐진 눈꽃 세상
설천봉의 아름다운 설경에
눈부시어 아릿아릿한 느낌

탐방로를 지나 향적봉까지
고리조리 고불고불 이어진
마치 살아있는 듯한 능선
수묵화 한 폭 그리는구나

최해영(崔海永) 시인, 시조시인

아호 慧穎(혜영)
교육학석사, 청소년지도사, 한국어교원 외
문학고을 신인문학상 수상
문학고을 등단 시부문
제2회 디카단시조문학상
(강원시조시인협회) 수상
강원시조시인협회 등단 디카시조부문
문학고을 최우수 작가상 수상
제3회 청목문학상(작가대상) 수상
서울대학교 공로직원(전 선임행정관)
중·고등학교 및 평생교육원 출강
강원시조시인협회 부회장
문학고을 수석고문
현) 문학고을 부회장

〈시집 및 공저 〉
'베푼 사랑의 미소' 및 '시선집' 다수

밤부터 아침, 그리고 또 밤까지 외 2편

허 환

마셔요
마셨습니다
또 마셔요
또 마십니다

별이 떴습니다
비수 같이 푸른빛 그믐달 위 당신
아직 물마루도 넘지 못한 내 머리 위로

사막은 저쪽이겠죠
당신이 가리키는 대로 가다가
내가 모래 되어 바스라져 누울

물 주세요
이건 술이잖아요
언젠가 물로 술을 만들어 주시고
하늘로 가버리신 분

또 마실까요
하늘이 취해서 땅으로 넘어지는

그런 날
당신도 취해서 오실 건가요

그러면 내가 들고 있는 이 잔 속
넘기지 못한 술
이번에는
맑디밝은 눈물로 빈드실까요

엄마의 봄날

꿈꾸던 날이면 어김없이 요 위에 오줌을 싸던 아이
노인이 되어 길 위에 서 있다
언제 적 꿈인지 솟대 위 까마귀가 저쪽을 부리로 가리킨
다며 빨리 가자 가자 하시고

잊어버린 어제들이 두서없이 휘젓는
국건더기에서 떨어지는 눈물이어서
밥술 든 채 베란다 앞에 서서 우두커니 바람으로 말리시더니

어항 속 뻐끔뻐끔 물만 삼키는 금붕어를 보시고
내보내 주라 하며 이내 우신다

오래도 걸어오신 엄마 아득한 목소리로
사람 가는 길 뭐 다 그렇지 걸어가 보렴
푸르디 푸른 하늘 밑
흰 눈밭 위 지천으로 누운 붉은 동백꽃이야

그렇게 많은 어제를 언제 다 갈무리하고
새벽별이 되는 꿈을 꾸었는지 나가자고 채근만 하신다

제비꽃 좀꽃마리 애기똥풀 피는 햇살 좋은 이런 날
빈속으로 떠나기 마침 맞다는 날

나는 가슴 속에 고여있는 할 말을 찾지 못한다
오늘 곤줄박이*가 무슨 괘사卦辭를 찾는지 기척이 없으니
조금 더 기다려보자고 엄마의 마른 손을 잡으며

---

* 곤줄박이는 사람의 곁을 잘 따르는 경향이 있어 시내와 공원에서 새장 안에 놓은 쪽지를 물어 오는 새점을 치는 데 많이 사용하였을 정도다.
[출처] 한국학중앙연구원 - 향토문화전자대전

창백한 달

푸른 허공에 박혀 창백하게 뜬 눈

딱히 의미를 찾아 걸어온 길도 아니건만
문득 마주친 카스트로헤리츠* 벌거벗은 언덕 위
폐성廢城 높이 떠서 노려본다

입속에 박혀 빠지지 않는 검은 가시가
이내 입천장을 찌른다

기도해라
… 안 할랍니다

고백해라
… 다 알지 않습니까

오래전 버려진 수도원 무너진 제단 어딘가
기도하다 바스러진 修士들의 무릎뼈
푸른 인광으로 빛낼 어둠을 또 얼마나 기다리고

---

* Castrojeriz는 스페인 카미노 순례길의 메세타(Meseta) 지역에 있는 Burgos주의 자치시

절대 고독과 침묵 속에서만
미세하고 미세하게 들린다는 그 음성

나는 깃털같이 가볍게 대꾸한다
놔두세요 그냥 갈랍니다
땅끝이나 지옥이나 어디가 되든지

자유롭게 걸어 온 메세타 들녘 뜨거운 한낮이 지나고
창백하게 뜬 달이 말없이 노려보는
그런 서늘한 질량 아래
놓고 가지요 내가 가진 작은 자유를 위하여
심장에 박혀 오래된 녹슨 기도의 대못들

거세미에 허리 잘린 참깨밭에도
무람없이 살아가는 벌레들 참 많더군요
하루를 사랑하고 먹으면서도
자유롭게 노래도 부른답니다

허 환 시인

부산 출생
한국외국어 대학교 영어과 졸업.
현대종합상사 근무 유럽 일본 대만 등
해외주재 15년
(주)크라스빌 사장. 코트라 전문위원
현 법무법인 경성 무역고문
문학고을 신인문학상 수상
문학고을 등단 시 부문
공저
'종합문예지 청목' 외 다수

겨울 나목 외 2편

홍계선

아직 이별하지 못한
나의 분신을
누덕누덕 걸치고,

부러움의 눈길로 바라본다.

한 오라기 걸치지 않은
너의 자태가
오히려 더 아름다워

곧게 뻗은 몸뚱아리를
가냘픈 가지로
수줍은 듯
늘어뜨려 가리운다.

잎새의 사색

바람이 스치고 지나가면
나는 묵혀둔 결을 천천히 놓는다.

떨어짐이 아니다.
다음 계절의 숨에
조용히 스며드는 일

그 미세한 흔들림 속에서
나는 나의 빛이
어디에서 왔는지 되묻는다.

본향

한 줄기 빛에
온몸을 붉힌 뒤, 여린 바람이
어깨를 어루만지면

나는 마지막 몸짓으로
그곳으로 돌아갈 채비를 한다.
나를 품던 처음의 자리로 빛을 거슬러 돌아가는 일.

홍계선 시인 (필명 다연)

2025년『문학고을』시 부문 신인상으로 등단.
기억과 시간, 사라짐과 빛의 결을 탐구하며
일상의 미세한 흔적을 시로 기록한다.
등단작「기억의 발자국」과
추천·수록작「들풀의 고향」을 통해 작품 세계를 넓혀 왔으며,
시와 연극을 넘나들며 서사적 감성을 확장하고 있다.

경기 광주와 분당을 기반으로 창작과 지역 문화예술 활동을 꾸준히 이어가고 있으며, '극단소리' 위성클럽을 창단해 로타리의 봉사 정신과 예술의 울림을 잇는 활동을 펼치고 있다.

신작동시

정 명 자
황 미 선

꿈꾸는 수박씨 외 2편

정명자

수박을 한 쪽 먹고 유치원에 가요.

엄마가 “유치원 잘 갔다 와”
고개만 까딱,

선생님은 “반가워 어서 와요."
눈만 꿈벅,

입속에 꼭꼭 숨은 수박씨,

수박씨는 깜깜한 입속에서 꿈을 이야기하고
아이의 마음에 벌써 수박이 열렸어요.

“선생님, 선생님.”
“이거 심어 주세요.”

입에서 나온 까만 수박씨,
아이와 선생님은 작은 화단에 씨앗을 심고,
아이의 마음도, 선생님 마음도 콩닥콩닥 뛰어요.
며칠이 지나 싹이 나오고,

콩닥콩닥 소리를 듣고 싹이 자라요.

"선생님, 선생님,
수박이 언제 열리나요?"
백 번도 넘게 묻는 아이
선생님은 좋은 생각이 떠올랐어요.

선생님은 살금살금 몰래
꿈을 매달고,
선생님이 다녀간 화단엔
마술처럼 축구공만한 수박이 열렸어요.꽃 같은 웃음으로
수박을 옮겨
친구들과 맛있게 먹고,
수박씨를 입에 물고 집에 갔어요.

엄마가 심은 수박씨도
수박이 될 꿈을 꾸면 좋겠어요.

색깔 파티

엄마가 노란 은행잎을 들어 보이면
나는 신나서 말해요.
"이건 바나나 색이에요."

아빠가 빨강 단풍잎을 손바닥에 올려놓으면
나는 동그란 눈을 크게 뜨고 말해요.
"이건 토마토 색이에요."

할머니가 도토리 잎을 흔들어 보이면
나는 씩 웃으며 말해요.
"이건 사과 색이에요."

오빠가 풀잎을 살짝 보이면
나는 깔깔 웃으며 말해요.
"이건 오이 색이에요."

엄마는 길가의 예쁜 분홍 꽃잎 하나를
눈앞에서 흔들었어요.
나는 금방 알아맞혔어요.
"이건 우리 집 사랑하트 색이에요."

온 가족 가을 나들이는
아름다운 색깔들과
색깔 파티 중이에요.

깔깔깔 소꿉놀이

"어서 오세요."
"이거 얼마예요?"
"백만 원이에요."
"너무 비싸요. 깎아주세요."
"까까 없어요."

"이건 얼마예요?"
"백 원이에요."
"카드로 낼게요."
"카드 기계는 고장 났어요."

"이 케이크도 맛보고 사세요."
"얼마예요?"
"오백 원이에요."
"한 입, 두 입, 세 입 먹었으니
오백 원 세 개 주세요."

"이건 얼마예요?"
"이천 원이에요."
"왜 이천 원이에요."

"우리 엄마 콩나물도 이천 원 주고 사요."

"밥 주세요."

"얼마예요?"

"공짜예요."

"왜요?"

"엄마도 아빠한테 밥값 공짜니까요."

정명자 시인

전)중원대학교 겸임교수
현) 도서출판 한림당 대표
한국교육안전공제회 전문위원
2006년 월간시사회 시 등단
2024년 동서문학상 시부문 맥심상수상
2025년 문학고을 신인문학상 수상
2025년 문학고을 등단 동시 부문
공저
'문학고을 종합문예지 청목'

크리스마스 외 2편

황미선

오늘이 무슨 날인지 몰라
아무도 몰라 몰라

저녁이 되어도
아무도 몰라 몰라

속상해 속상해
진짜 속상해

예수님 생일인데
왜 산타만 주인공이지

낙엽

바스락
밟을 때마다
과자 먹는 소리

뽀스락
또 먹고 싶은 소리

낙엽이 다 과자면
앙 참 좋겠다

따끔 맨

선생님 아파요
조금 따끔해요

따끔 맨 쿡
어어 허허
뜨끔했어요

눈물 똑
엄마 손 꽉
따끔 맨 진짜 빠르다니까요

황미선 시인

서울 홍익대학교 미술대학원 미술학 석사 졸업
서양화가(작가), 미술 교사, 미술 치료사, 한국어(교사) 멘토링
문학고을 신인문학상 수상
문학고을 등단 아동문학 (동시) 부문 등단
공저
문학고을 제14호 선집. 여름. 2024.
문학고을 제17호 18호 선집. '종합문예지 청목' 2025.

신작수필

김 영 현
김 혜 경
신 경 희
엄 현 서
오 은 환
유 경 선
유 제 우
이 수 항
장 수 호
정 안 나
주 진 복

참교육을 알게 한 愛제자. 뇌성마비 안경 이야기

김영현

교육이란, 참으로 많은 것을 알게 해 준다. 내가 가르치는 것, 내가 배우는 것 모두가 교육이라 할 수 있다. 그러나 교육은 흔히들 '인간 행동의 바람직한 변화' 라고 한다. 그래서 변화된 인간의 행동을 보고 교사는 교육의 보람을 느낀다고 한다.

초등 교육에서 전직하여 특수교사로써 특수학교에서 근무할 때의 일이다.

시월 어느 날 아침

여느 날과 다름없이 수업을 위해 교실에 들어 온 나는 교실 안의 아수라장에 놀라지 않을 수 없었다. 이 같은 아수라장은 흔히 있는 일이지만, 오늘 아침은 달라 보였다. 다른 학급보다 장애 정도가 좀 더 심한 학생들이 모인 학급이라 대수롭지 않게 생각하고는 모두들 자리에 앉게 하려고 하는 순간, 뒤엉켜 있던 호영이가 이제까지 하던 행동을 멈추고 눈물 반 콧물 반으로 울음을 터뜨리면서 나의 다리를 잡고 놓아 주질 않는 것이다. 그래서 호영이의 사연을 자초지종 듣고자 하였으나, 뇌성마비와 언어장애를 동시에 가진 호영이의 사연을 알아들을 수가 없었다. 그저 호영이가 하는 행동과 모습만 바라보고 있어야 하는 딱한 심정이었다.

사연인즉, 희석이의 안경을 가리키면서 빼앗아 달라는 것이었다. 안경을 쓰고 다닌 학생이 그동안 반에서는 없었으나, 오늘 아침에 희석이가 뜻밖에 안경을 쓰고 온 것이다. 그래서 모두 신기해서 서로 만져보고 싶고, 써보고 싶어서 뒤엉킨 상태에서 아수라장이 된 것이다.

그러나 호영이만은 달랐다. 어떻게라도 안경을 자기가 가져야 된다는 것이다. 평소 호영이는 한번 가진 물건을 좀처럼 돌려주지 않는 고집스러운 면이 있다. 그래서 섣불리 희석이의 안경을 주었다가는 다시 돌려받지 못할 경우를 생각하여 장난감 안경을 하나 구하여 호영이한테 주었다. 그런데 이게 웬 날벼락인가, 한참 동안 만져보고 써보고 하더니 그만 안경(장난감 안경)을 사정없이 내동댕이치면서 또다시 나에게 달려드는 것이다. 난 도무지 알 수 없는 영문인지라 호영이를 붙들고 사정이야기를 듣기로 하였지만, 그 사연을 도무지 알아들을 수가 없었다.

학생이 자기의 딱한 사정 이야기하는 것을 교사라는

내가 알아듣지 못하고 속 시원한 답을 주지 못하는 '선생님' 이라 생각하니 무언가 마음에 죄를 지은 것만 같은 심정이었다. 누가 그랬던가, 특수교사의 어려운 사정을 감히 글로써 표현할 수 있겠는가? 라고 했으니 말이다. 그러나 정말로 답답하고 목마른 것은 교사인 내가 아니고 호영이 자신이 아니겠는가? 평소 호영이와 친하게 지내던 기표와 민경이도 대변자로서 통역을 하지만 그 내용 또한 알아들을 수 없었다. 이쯤 되니 멍하니 바라 보고만 있는 나를 모두가 어이없다는 표정으로 이… 하고 웃고만 있었다. 그러나 그때까지도 호영이는 자기의 딱한 사정을 해결해 주지 못하는 선생님을 원망하면서 계속 울고 있었으며, 울음을 그칠 가망은 좀처럼 보이지 않았다. 이 정도 되면 정말 당해 보지 않고는 말로 표현할 수 없는 심정이다. 마지막으로 희석이의 안경을 사정하여 빌려다 호영이한테 주었더니, 그 많던 눈물과 콧물을 한꺼번에 손수건으로 닦으면서 언제 내가 울었더냐는 듯이 밝은 표정으로 웃으며 좋아하면서 무슨 말인지 모를 내용을 얘기하고 있었다. 그 순간 호영이의 표정은 그렇게 밝아 보일 수가 없었고, 다시금 반 학생들은 한바탕 웃으며 손뼉 치고 노래를 불렀다. 가만히 생각하니 호영이의 트집은 '진짜' 와 '가짜' 를 놓고, 구별하지 못하는 선생님을 정말 바보로 생각하고 있었기 때문이라 생각되었다. 본인은 '진짜 안경' 을 갖고 싶었는데 선생님이 '가짜 안경(장난감 안경)' 을 주니 말이다. 그 답답한 마음을 어찌, 호영이만큼 알겠는가?

나는 여기서 호영이의 새로운 사실을 발견할 수가 있었다. 그것은 비록 발음이 안 되어 말로서 의사소통이 어렵지만 본인이 할 수 있는 능력은 그 표정과 동작으로 충분히 상대방에게 의사표시를 할 수 있다는 사실을 알게 되었다. 이는 그동안 정성과 사랑으로 가르친 보람에 대한 값어치라고 생각하니 나도 모르게 가슴의 뜨거움을 느낄 수 있었다. 이것이 진정 참교육이 아니겠는가?

그러나 일은 이제부터 수습되어야 했다. 정작 쓰고 있어야 할 희석이의 안경을 호영이가 쓰고 있기 때문이다. 어떻게 하면 소동 없이 다시 안경을 돌려줄 수 있을까 고민한 끝에 가정연락부를 이용하기로 하고 호영이의 어머니에게 '호영이도 내일부터 안경을 쓰고 다닐 수 있게 안경을 사 주세요' 라고 적은 내용을 보여주고 읽어 주면서 주었더니, 좋아하면서 한바탕 춤을 추고는 안경을 희석이한테 돌려주었다. 안경 소동은 이렇게 끝나고 나는 다시 이를 계기로 안경 학습을 통하여 학생들이 안경에 대하여 소상히 알도록 가르쳤다. 안경 소동이 하나의 자극제가 되어 학생 모두가 집에서 안경을 사달라는 소동으로 번져 어머니들의 즐거운 탄성이 되었고, 뇌성마비인 호영이를 통하여 나도 교육의 힘이 무엇인지, 장애 학생들의 개인차와 개개인의 차이를 통한 교육의 진정성이 무엇인지, 이것이야말로 내가 바라는 참교육이 아닌가, 하고 생각하게 되었다. 교육은 무엇보다 개인차에 의한 그 개개인의 특성에 알맞은 교육이야말로 교육의 본질을 이해하고 실천하는 참교육이라는 생각도 갖게 되었다.

뇌성마비와 언어장애를 수반한 호영이로부터 나는 그동안 몰랐던 교육의 힘과 그들로부터 그들의 장애와 그들의 차이를 안다는 자체가 교육의 본질이라는 것을 알게 되었고, 개인차를 존중하고 실천하는 교육, 우리가 바라는 참교육이 아닌가를 다시 한번 생각해 보는 계기가 되었다.

*여기에 나오는 학생 이름은 모두 가명임을 밝힌다

김영현 시인, 수필가

진주교육대학교, 경남대학교(교육학석사)
초, 중등, 특수학교 교사
경상남도 교육청 장학사, 장학관
창원천광학교, 김해은혜학교 교장
부산장신대학교외 겸임교수
경남신문 촉석루 집필위원(2000)
경남장애인신문 논설위원
KOICA 94기(한국국제협력단) 단원으로 해외봉사활동(미얀마)
현재 경남산청에서 농부로 살고 있음
문학고을 신인 문학상 수상
문학고을 등단 시 부문

공저
계간 '종합문예지 청목' 시선집 다수

다시 만나요, 엄마!

김혜경

봄을 기다리던 일상으로 초대하고 싶지 않았던 꽃샘 추위가 찾아와 3교대 근무로 지친 몸과 마음을 더 움츠러 들게 했던 3월 9일 주일. 엄마는 천국에 먼저 가신 아빠가 많이 그리우셨는지 이 땅의 삶을 끝으로 다시 돌아올 수 없는 저 높은 곳을 향하여 나비처럼 훨훨 날아가버렸다. 부모 없는 하늘 아래 남겨진 아픔과 충격은 헤아릴 수 없을 것이다. 자매들과의 불협화음으로 엄마의 임종을 지켜보지 못하고, 집안 사정으로 직장에 알릴 수 없었던 모친상. 평소처럼 근무 스케줄에 맞춰 출퇴근하고 애써 웃음 지으며 내게 주어진 자리에서 해야 할 일에 집중하며 하루,이틀이 가고 엄마가 떠난 후로 맞이하는 첫 겨울 가까이 다가서고 있는 시점에 와 있다.

딸 셋 중에 둘째로 태어나 부모에게 아들 못지않은 자랑거리였고, 순종적인 착한 딸이었지만 부모 반대하는 결혼으로 아픈 손가락이 되어버린 내 모습. 딸이 잘 사는 게 부모의 꿈인데 부모 마음 모르는 철부지 어리석은 딸은 서운하다는 이유로 부모한테 상처나 주고. 일찍 알았으면 좋으련만. 엄마, 아빠~ 하고 목이 메도록 그 이름 불러보아도 허공만 맴돌다 메아리처럼 돌아올뿐. 뒤늦은 후회와 절망감이 엄습해오기도 하지만 흐트러짐 없는 정리정돈 된 삶을 살아내길 천국에서 간절히 기도하며 응원하고 있을 내 부모의 따뜻한 격려와 사랑이 고단한 이 하루도 버티고 견딜 수 있는 힘이 되어 붙들어 주는듯 하다.

신생아실 간호사로 근무하면서 스쳐 지나가는 수많은 어린 생명, 산모와 보호자들을 바라보면서 마치 거울 속의 나와 마주하듯 지금까지 걸어온 인생의 길에서 가장 고귀한 경험을 하게 된다. 세상의 빛을 보게 해준 고마운 존재. 엄마와 아빠를 부모와 자식으로 만나 울고 웃으며 오래도록 함께했던 그 시간이 멈추지 않고 가동되는 나의 기록발전소에서 힘겨울 때마다 토닥이며 일으켜줄 짙은 추억으로 남아 소중히 간직하며 언제든지 꺼내볼 수 있기를. 앞으로 살아가야 할 거친 인생 길 위에서 두려움 없이 힘껏 나아가도록 돕는 모든 걸음이 되어주길 바래본다.

2021년 6월 20일 아빠를 영천 호국원에 모신 후로 2025년 봄햇살의 포근함을 느껴보지 못한 채 아빠 곁으로 간 엄마의 빈자리를 이제 그만 마음에서 내려놓고자 한다. 마지막 인사도 못했는데 천국으로 엄마에게 편지를 띄워 보내며 그동안 울음을 삼키며 눈물병에 가득 담아두었던 슬픔으로부터 자유하기를.

"곱디고왔던 우리 엄마.
작은 교회 성가대 소프라노로 섬기면서 즐겨 부르셨던 엄마의 찬양 한 소절

'할렐루야 나는 가리라 주님 계신 영광의 나라~' 가 내 귓가에 고요히 스며 들어와 요동치던 심장을 잠잠케 하며 엄마 생각에 잠길 때마다 마음의 안정감을 주고 있어요.

엄마, 보고 싶어요. 이 세상에 태어나던 날 큰 은혜의 사람이 되란 뜻으로 엄마가 지어주셨던 내 이름. 혜경아~ 하고 불러주는 엄마의 목소리를 들을 수 없는 현재의 삶이 차라리 꿈이었으면 하는 마음에 울컥해서 눈시울이 붉어지는 듯해요.

사춘기 두 딸을 키우며 직장 생활하는 게 만만찮은 요즘. 엄마는 별난 남편에 딸 셋을 어떻게 감당하며 바깥일을 하고, 내 집 마련에 둘째 딸 대학 공부와 노후 준비까지 하셨을까. 악착같이 사셨던 엄마의 강한 생활력 덕분에 지금의 내가 있어 엄마를 존경해요. 진짜 대단하다,

엄마.

엄마, 사는 게 참 힘들단 말이 습관처럼 되어버린 것 같아요. 다 놓아버리고 나로만 살고 싶어질만큼.

그럼에도 불구하고 오늘도 불평불만을 거절하고 감사와 기쁨을 선택하며 '이 또한 지나가리라~' 절대 긍정의 방향으로 생각과 마음이 따라가도록 노력하고 있어요.

내편 없는 메마른 광야에 홀로 서 있어도 인생의 종착역에서 다시 뵙게 될 엄마와 아빠에게 "잘했다, 내 딸아~"하고 칭찬받는 자랑스러운 둘째 딸이 되리라 다짐하면서 이겨내고 있어요.

엄마, 기억하지요? 국민학교 가을운동회가 있던 날 달리기 시합에 나가던 제가 1등으로 결승선에 들어올 때 흐뭇하게 바라보며 너무 좋아하셨던 아빠와 엄마의 그 미소를 잊을 수 없어요.

그때 그 모습처럼 제게 남은 인생의 경주 앞만 보고 열심히 달려갈게요.

천국에서 꼭! 지켜봐주세요.

사랑합니다, 엄마~ 나한테 미안해하지 마세요. 그 상황에서 해석되지 않았던 엄마의 마음이 지금은 '어쩔 수 없었구나…' 하고 이해와 용납이 돼요.

끝으로 천국에서 해같이 빛나는 삶을 사시도록 날마다 기도할게요~"

김혜경 수필가

선린대학 간호학과 졸업
2006 이야기문학 제1회 신인문학상 응모(시)
'꿈을 꾸게 하신 주님' 으로 등단
이야기문학회 회원, 운영위원, 편집위원
2008 극동방송 〈시와 찬미로〉 출연(간증, 시낭송)
2009 제5호 계간 기독교문예 신인문학상 공모(시)
'나의 노래' 외 2편 최우수작
한국기독교작가협회 정회원
2013 〈땡큐! 여성아이〉 수기 공모전 금상
2021 문학고을 제24회 상반기 신인작품상 공모(수필) '산책' 으로 등단, 문학고을 작가회원
공저
'문학고을 종합문예지 청목' 참여

겨울보다 먼저 온

신경희

낙엽 한창이건만 길 건너 마트 옆에 잉어빵 마차가 서 있다. 오랜만에 집에 내려와 처음 맞닥뜨린 풍경에서 먼저 온 계절을 보면서 남편을 먼저 집으로 가게하고 차에서 내려 마차 앞으로 갔다.

겨울에만 열리는 잉어 낚시터 입으로 줄 드리우고 손으로 낚아채는 겨울 낚시 싱싱한 빵 잉어 낚으려 기다리는 사람들 사이 어묵 국물로 몸 뎁혀 가면서 잉어가 잡히기를 기다리는 사람들 아기 안은 아빠 가방 둘러멘 남학생 뽀글 머리 할머니 소문 듣고 찾아온 낚시꾼들로 낚시터 앞이 소란하다.

잉어빵, 붕어빵 이름도 모양도 크기도 비슷하건만 낚시터마다 이름이 다른 것은 나름의 광고 유혹이리라.

유혹에 넘어가 얽혀 선 줄에 합류해 손맛 입맛을 즐기려 잉어가 낚이기를 기다리며 상상 맛에 빠진다. 물속 잉어의 지지고 볶는 맛이 아닌 황금 잉어의 바삭함에 귀가

즐겁고 따끈한 단팥 내장이 입안에 차 오면 절로 감기는 눈, 으음 하는 탄성에 실려 몸이 살짝 요동치겠지.

기다리던 낚시꾼들이 차례로 잉어 봉투를 들고 하나둘 빠져나가고 마침내 내 차례 상상으로 맛보던 잉어가 손에 낚인다.

일타 삼피 이천 원 줄에 세 마리라 월척은 아니지만 쏠쏠한 크기 따끈하게 전해지는 싱싱함 한입 성큼 베어 물며 상상으로 느꼈던 맛을 확인한다.

앗 뜨거워 통단팥이 살아있다. 역시 생선은 싱싱함이 최고 오래전 우체국 앞 붕어는 팥죽을 묽게 쑤어 만든 죽 내장이라 지금의 통 팥보다 훨씬 더 뜨거워 입천장을 데었던 기억을 떠올린다.

죽, 내장, 고기를 즐겨 먹던 그 시절에는 붕어빵 낚시터가 한 곳이라 다른 곳도 모두 그 맛이려니 하면서 한참을 줄 서서 기다렸건만 우체국 앞 붕어 낚시터는 사라진 지 오래다.

세월 따라 입맛이 변하고 질 좋은 맛을 찾다 보니 죽 아닌 통단팥을 즐기게 되면서 사라진 것인지 그 사연 알 수는 없으나 껍질에 들러붙어 마른 바삭한 식감의 팥죽 붕어가 있었더라면 서로 경쟁하며 두 맛을 즐길 수 있었을 텐데 하는 아쉬움 안고 집으로 돌아오는 길 가슴에 꼬옥 품은 잉어빵으로 몸 뎁히면서 한입 베어 물 때 입 가득 퍼지는 내장의 뜨거움에 애먼 낙엽 발로 차며 동동거리고 날리는 낙엽 따라 하늘 한번 올려다 보는 병아리 되기도 하면서 느적느적* 걸음 떼며 떠나는 가을을 즐긴다.

* 느적느적 : 몹시 굼뜨게 움직이거나 말하는 모양

청곡 신경희 시인,수필가

서울 출생. 숙명여자대학교 사학과 중등 교사 역임
*등단
문학 고을 시, 수필 /강원 문협 시조/브런치 작가
*수상
문학고을 신인문학상.문학고을 최우수 작가상 청목상 (작가대상) 수상
제8회 보령해변시인학교 전국 문학작품 공모전 은상
제9회 항공 문학상 수필 최우수상
제20회 장애인 문예 글짓기 최우수상
제61-62회 강원 예술제 강원 사랑 시화전 우수 동상
제5회 경북이야기 보따리 수기 공모전
제8회 전국 여성 문학 대전 시 부문 최우수상
제3회 디카시조 문학상 겨울 공모전 단장시조 장원…외
*저서
시세이 〈오메어쩔까〉 수필집 〈삶의 언저리에서〉
동인지 〈문학고을 시선집 및 청목 1~19집〉 〈오월에 피는 꽃〉
〈삼행시 꽃 피었습니다〉 〈디카시 꽃 피었습니다〉
강원 문단 ; 강원문학 ... 외〉
*활동
문학고을 자문 수석고문 현) 부회장
강원 문협회원

다 거짓말이야

엄현서

창문을 활짝 열어놓고 노래도 크게 틀어놓고 오래간만에 대청소를 했다. 상쾌한 바람이 거실을 휘돌고 라디오에서는 계속 노래가 흘러나왔다.

사랑했다는 그 말도 거짓말
돌아온다는 그 말도 거짓말
세상에 온통 거짓말 다 해놓고…

거짓말하면 나는 언제나 아버지의 거짓말이 제일 먼저 떠오른다.

딸만 다섯이었던 우리 집에 여섯째 동생이 태어난 건, 내가 고등학교 2학년이었던 3월 31일, 만우절을 딱 하루 앞둔 날이었다. 교정의 벚꽃이 미친 듯이 피고 있었으려나 아니면 탐스럽던 목련 꽃잎이 툭툭 떨어져 내리고 있었으려나.

그 무렵 나는 언니와 함께 학교 근처에서 자취를 하고 있었다. 고 3이었던 언니가 밤늦게까지 공부를 해야 했고

왕복 버스 시간조차 아껴야 했기 때문이었다.

그 해 4월 1일 아침. 아버지께서는 교무실로 전화를 해서 남동생이 태어났다는 소식을 언니에게 전하셨고 우리는 수업이 끝나자마자 집으로 달려갔다.

그런데 딸만 다섯을 내리 낳은 맏딸의 산후조리를 위해 집에 와 계시던 외할머니께서 큰 그릇에 미역국을 담아내어 상을 차리시며 "이번에도 딸이다" 하시며 한숨을 내쉬는 게 아닌가.

"아버지가 분명히 남동생이라고 하셨어요."

외할머니가 아들을 딸로 바꿔치기라도 한 듯이 우리가 큰소리로 따지자 마침 고기를 사들고 들어오시던 아버지께서 오늘이 만우절이지 않냐며 허허 웃으셨다.

기막힌 거짓말을 천연덕스럽게 구사하는 것도 유전인가.

그런 아버지의 둘째 딸인 나의 앙큼하기 짝이 없던 거짓말은 교장 선생님은 물론 전교생이 감쪽같이 속아 넘어갔다.

초등학교 6학년으로 정확하게 기억되는 이 사건은 담임 선생님에 대한 기억 때문일 것이다.

날마다 숙제로 일기가 있었는데 강원도 두메산골에서의 초등학생 일상은 그야말로 단조로움 그 자체였다.

아침에 일어나서 세수하고 밥 먹고 학교에 갔다.

일요일 저녁에 동네 오빠들과 자치기를 하고 놀았다.

숙제를 하다가 동생들과 또 싸웠다.

늘 이런 내용뿐이었다.

일기를 써야 하는데 쓸 거리가 없자 나는 슬그머니 이야기를 지어내기 시작했다.

이모랑 간성 읍내에 가서 맛있는 빵을 먹었다고도 썼고, 서울에서 놀러 온 이웃집 언니에게 책을 선물받았다고도 썼다. 그렇게 거짓말 일기를 자주 쓰다 보니 나도 모르게 지어내어 일기를 쓰는 게 아예 습관이 되어버렸다.

"오늘 아주 기쁜 소식이 있어요. 우리 반 현서가 이번 어린이날에 선행상을 받게 되었어요."

그러던 어느 날, 그렇게 내 이름이 불리고 박수소리까지 쏟아졌다.

순간, 뜨거운 피가 온몸으로 번지는 듯하더니 심장이 튀어나올 것처럼 쿵쾅대기 시작했다.

선생님 손에 내 일기장이 있었던 것이다. 어린 마음에도 선행상과 그 일기장의 연관성이 번득 떠올랐을 테지. 뭔가 큰일이 벌어졌다는 걸 직감하고 서 있던 그때, 선생님은 일기장 검사를 하다가 알게 되었다면서 내 일기를 읽기 시작하셨다.

"오늘 교회에 갔다가 춘영이의 다 해진 신발을 보게 되었다. 춘영이는 나보다 세 살 어린 동네 아이인데 아버지가 논두렁 화재로 화상을 입고 누워계셔서 엄마가 혼자 일을 하신다. 집으로 돌아오자마자 아끼던 공책이랑 연필, 그리고 도화지를 챙기고 엄마한테 부탁해서 쌀도 몇 되 담아서 춘영이네 집에 갖다주었다."

변변한 약조차 구하기 힘들었던 그 시절, 춘영이네 아버지가 화상을 입고 일을 못 하게 되면서 가난했던 춘영이네 집이 더 어렵게 된 것만 빼면 처음부터 끝까지 백퍼센트 거짓말이었다. 춘영이를 도운 적도, 따뜻하게 손 내민 적도 없었다. 오히려 언니가 잘 챙겨주는 게 샘이 나서 괜히 질투하며 괴롭혔던 아이였다.

선생님은 감동한 목소리로 읽으시며 "이런 착한 일을 아무도 모르게 했구나." 칭찬까지 하시는데 목덜미가 후끈 더워지면서 서 있기조차 힘들었다. 같은 동네에 사는 친구들도 다 듣고 있었으니 모르긴 해도 내 얼굴은 귀까지 벌겋게 달아오르고 있었을 것이다.

동네 친구들은 맨날 춘영이를 못 잡아먹어 안달인 네가 언제 그런 착한 일을 했냐는 듯이, 의심은 가는데 물증 없는 현행범 쳐다보듯이 보고 있었고, 담임 선생님께서는 어린이날에 전교에서 한 명만 받게 되는 선행상이라며 교장 선생님께 벌써 추천서를 올렸다고 했다.

며칠 뒤의 어린이날. 나는 전교생이 다 모인 운동장에서 발칙하고 맹랑한 거짓 일기로 진짜 선행상을 받아버렸고 끝내 진실을 밝히지 못한 채 졸업을 했다.

춘영이네 언니를 만나게 된 건 만우절 전날에 태어난 막냇동생의 결혼식장에서였다. 춘영이네 부모님이 돌아가시고 그 집 식구들도 다 그 동네를 떠나 살게 되면서 소식을 모르고 지냈던 터라 춘영이의 안부부터 물어보았다.

"갸가 3년 전에 하늘로 갔단다. 오래오래 아팠어. 너네랑 한 동네에서 살았을 적 얘기를 자주 했는데…"

하객으로 온 춘영이네 언니로부터 그 소식을 듣게 된 순간 갑자기 콧등이 시큰해지고 마음도 무거웠다.

선행상을 받게 한 그 거짓 일기를 춘영이가 알게 될까봐 그 해 봄 내내 내가 얼마나 조마조마했는지, 상품으로 받은 탁상시계를 내가 왜 춘영이한테 줬는지, 늦은 자백을 하며 웃고 떠들고 싶었는데…….

춘영이는 그 산골 동네 추억을 얘기하며 행복했다고 말했을까, 늘 힘들고 괴로웠다고 말했을까 춘영이의 죽음 소식으로 날카롭게 베인 마음은 오래도록 쓰리고 아팠다.

조항조의 거짓말 노래가 오늘따라 유난히 가슴 아리게 파고드는데 아버지한테 전화가 왔다.

"올해 김장 날짜는 언제로 정하는 게 좋겠냐? 400포기 할 거니까 빠지지 말고 다 모여야 된다. 딸이 여섯이니 모자랄래나 원."

배추 400포기라니. 딸들 다 모이게 하려는 우리 아버지.

분명히 거짓말이다.

엄현서 수필가

68년 강원도 고성 출생
백두대간 건축자재 대표
문학고을 신인문학상 수상
문학고을 등단 수필 부문

고향

오은환

나는 어려서 부모님을 여의고 외조부 집에서 성장했다.

1950년대 내가 자라던 작은 농촌, 그곳은 사람들의 숨결이 흙냄새와 함께 섞여 살아가던 지금 생각해 보면 참으로 소박하고 따뜻한 마을이었다.

경기도 오산시 지곶동에 나의 외가가 있다.

이곳에서 어린 시절을 보냈다. 나의 고향이기도 하다. 마을에는 초가집이 열 채 남짓 줄지어 있고 마을 입구에는 작은 시내가 흐르고 있었다.

봄이 오면 아직 차가운 물결 위로 노란 개나리와 분홍빛 진달래가 피어올라 겨우내 굳어 있던 마음까지 환하게 밝혀주었다.

꽃잎이 바람에 흩날릴 때면 어린 나는 마냥 들떴고 마을 전체가 마치 축제라도 여는 듯했다.

여름이 되면 시내는 우리의 놀이터가 되었다.

친구들과 바짓가랑이를 걷어 올리고 물속을 헤집다 보

면 잔잔하던 물결도 곧 시끌벅적했다.

돌 틈에서 도망치는 물고기를 잡으려고 서로 경쟁하듯 뛰어다니던 기억이 아직도 생생하다.

저녁에는 앞마당에 멍석을 펴놓고 온 가족이 둘러앉아 밀개 떡, 삶은 감자를 먹으면서 이야기꽃을 피웠다.

하늘에는 은하수가 은빛 강처럼 떠 있는 듯했다.

오래된 동화 속에 들어온 듯한 느낌이었다.

가을에 접어들면 들녘은 황금빛으로 변했다.

누렇게 익어가는 벼와 그 사이로 부는 바람은 마치 넓은 바다의 파도처럼 일렁였다.

우리는 학교가 끝나면 곧장 들판으로 달려 나가 메뚜기를 잡아서 모닥불 위에서 구워 먹었다.

메뚜기 한 마리에도 계절의 냄새가 배어 있었고 그 작은 순간들이 모여 내 어린 시절을 더욱 풍요롭게 만들어 주었던 것 같다.

겨울은 또 다른 즐거움으로 가득했다. 마을 입구의 시냇물도 어느새 꽁꽁 얼어붙어 번들거리는 얼음판으로 변했고, 그곳은 우리의 최고 놀이터가 되었다. 썰매를 밀고 달리다 넘어져도, 손끝이 얼어 아파도 웃음이 끊이지 않았다. 팽이를 돌리면 팽이 끝에서 파르르 떨리는 소리가 들렸고 그 소리는 겨울 공기 속에서 밝게 울려 퍼졌다.

산길을 따라 올라가면 독산성 세마대지 보적사가 나온다. 보적사에서 바라보면 탁 트인 광활한 평야가 펼쳐지고 멀리 한강이 보인다.

주변의 벚꽃과 어우러져 빼어난 풍광을 자아낸다. 지금은 일일권의 관광지가 되어 많은 사람이 찾는다. 외조부님은 집안 형편이 좋지 않아 명절에만 새 옷을 사 주셨다.

그러나 명절의 기다림은 지금 떠올려도 가슴이 따듯해지는 기억이다. 새 옷을 받아 들고 조심스레 펼쳐보던 그 설렘, 향긋한 옷 냄새, 그날만큼은 누구보다 당당하고 행복했던 어린 내 모습이 아직도 눈앞에 어른거린다. 가난했지만 그 속에는 따스함과 사랑이 넘쳐 흘렀다.

돌이켜 보면 그 시절의 고향은 세상 무엇보다 아름답고 소중했다. 사람들의 웃음, 들녘의 바람, 계절마다 달라지는 냄새와 빛, 그것이 배움이자 삶을 이루는 가장 큰 선물이었다.

시간이 흘러 세상은 많이 변했지만 내 기억 속의 고향은 언제나 그 모습 그대로, 평생 잊히지 않을 나만의 고향이다.

오은환 시인

서울지방변호사회 사무국장
경기북부지방변호사회 사무국장
법인단체의료보험조합 감사
전국지방변호사회 사무국장협의회 회장
문학고을 신인문학상 수상
문학고을 등단 수필 부문
2025년 11월 제 80회 1차 공모 등단 당선

앙톨이의 귀가

유경선

할아버지 집사님.

이제는 저도 조금 쉬어가야 할 것 같습니다. 길게는 18년, 사람의 세월로 치면 참 많은 계절이 흘렀지요. 이렇게 오래 함께할 줄은, 사실 저도 몰랐답니다. 처음 할아버지 곁에 왔을 때의 기억이 아직도 생생해요. 저는 작고 서툰, 무엇을 어떻게 해야 하는지도 모르는 작은 생명이었고, 세상은 낯설고 두려움 투성이였지요. 낯선 손길에 쉽게 움찔했고, 작은 소리에도 심장이 콩콩 뛰곤 했습니다.

그런 저에게 할아버지는 말없이 천천히 다가왔어요. 전문가도 아니고, 그저 부탁을 받아 돌봐주는 일이라며 대수롭지 않게 웃으셨지만, 저는 알고 있었어요. 할아버지는 한 번도 저를 '대충' 돌보신 적이 없었어요. 시간을 내는 게 아니라, 시간을 만들어서라도 제 밥그릇을 채워주고, 조심스레 빗을 들어 제 털을 빗겨주었지요. 이름을 부를 때의 그 목소리–부드럽고 낮지만 언제나 따뜻했던 그 울림을 저는 누구보다 잘 알고 있었습니다.

그렇게 세월이 흘렀습니다.

계절은 무수히 바뀌었고, 창밖의 나무는 해마다 색을 달리했어요. 그 모든 시간들 속에서 제 몸은 조금씩 변해 갔습니다. 하얗고 부드럽던 털은 어느샌가 억세어지기 시작했고, 빠지는 털도 늘어났어요. 작은 점프도 조금씩 서툴러졌고, 뛰어오르는 대신 올려다보는 시간이 점점 많아졌지요. 그런데도 할아버지는 한결같았어요. 어떤 날은 힘들어 보였고, 어떤 날은 마음이 지쳐 있는 듯했지만, 그래도 제 앞에 서면 늘 같은 마음으로 손을 내밀어 주셨어요.

할머니도 마찬가지였어요. 조용한 미소로 제게 말을 걸고, 간식 하나 건네주며 "이 녀석, 또 왔네"라고, 마치 어제도 오늘도 변함없이 날 반기는 듯한 그 말투. 저는 그 작은 환대를 참 좋아했어요. 제가 문가에 앉아 기다리고 있으면, 엘리베이터 앞에서 두 분의 발소리가 들려올 때마다 심장이 따뜻하게 뛰곤 했답니다. 저는 그 은혜를 모른 척하지 않았어요.

밤마다 할아버지 머리맡을 걸어 다닌 건 단지 잠이 오지 않아서가 아니었어요. 할아버지의 숨결과 체온이 제게 얼마나 큰 위로였는지, 아마 말로 다 전하기 어려울 거예요. 저는 말할 수 없었지만 제 방식대로 표현했고, 제 눈빛과 꼬리, 그리고 조용한 숨결로 늘 속삭였어요.

"고맙습니다."

"저는 괜찮아요."

"당신들이 있어서 행복했어요."

시간이 흘러 이제는 예전처럼 경쾌하게 뛰지 못하게 되었어요. 스피커 위, 서재 의자 위, 그리고 얼마 전부터는 할아버지의 깔깔이 내복을 둘러쓰고 소파 위에서 조용히 졸곤 하는데, 그럴 때면 예전보다 세상이 조금 멀어지는 것 같아요. 귀도 예전만큼 잘 들리지 않고, 눈도 조금 흐릿해졌어요. 숨결도 예전보다 조금은 느리고 무겁지요. 저는 알아요.

아, 이젠 떠날 시간이 가까워지고 있구나.

그래서 이렇게 마지막 인사를 남기려 합니다.

그동안 저는 믿었어요. 언제든, 다시, 또 만나게 될 거라고요. 엄마가 계시는 본가와 군산을 오가는 길에서도 늘 마음 한켠에는 '다음'을 기약하고 있었어요. 문이 열리는 소리만 나도 혹시 할아버지? 혹은 할머니? 하며 귀를 세우고 일어나곤 했지요. 그 작은 희망들이 저를 오래 버티게 한 힘이었습니다.

하지만 이번에는… 제 몸이 말하고 있어요. 예전처럼 '다음'을 약속할 날이 이제 많지 않다는 걸요.

그래도 괜찮아요.

할아버지, 할머니께서 제게 주신 사랑은 이미 제 몸속 깊이 스며들었고, 그 따스함은 제가 어디로 가든 사라지지 않을 거예요. 제가 잠든 자리엔 부드러운 햇살이 내려앉을 거고, 그 빛을 타고 제 마음이 할아버지, 할머니에게 닿을 거예요. 저는 그렇게 믿어요. 세상은 눈으로 보이는 것보다 훨씬 넓고 깊고, 보이지 않는 연결로 이어져 있다는 걸 저는 오래전부터 알고 있었어요.

저를 챙겨주던 손길, 저 때문에 웃으시던 장면들, 때로는 제가 질러놓은 토吐 때문에 걱정하시던 순간들, 모래를 잔뜩 흩어놓아 발 디딜 틈을 없게 했던 그 장난 같은 짓들… 그 모든 것이 저의 묘생이었고, 그 묘생을 따뜻하게 만들어준 건 두 분이었어요.

할아버지, 할머니. 부디 건강하세요.

제가 더 이상 곁에 없더라도, 제가 남긴 부드러운 그림자가 두 분의 하루에 작은 따스함이 되길 바랍니다.

안녕히 계세요.

이제 저는 제 작은 발자국을 남기고, 아주 조용히 엄마에게 갑니다.

하지만 할아버지, 할머니가 불러주시던 "앙톨이"라는 이름은, 세상이 많이 멀어진다 해도 제 마음속에서 끝까지 빛날 거예요.

2025년 11월 2일

작았던, 그러나 지금은 나이가 든 앙톨 올림.

〈추가〉

전주 원룸에서 엄마와 처음 생활을 시작했을 때 (2008. 6)부터 대명 까치,

아파트, 그리고 멀리 평택으로 엄마 따라 거주지를 옮기고 다시 동탄으로 옮기면서 사이사이 행사가 있다거나 장, 단기 여행을 할 때, 엄마의 출산과 육아로 인해 잠시 자리를 비워주어야 했을 때 내려와 머무르곤 했던 군산에서의 생활. 짧게는 몇 주일에서 길게는 계절이 몇 번 바뀌는 동안 할아버지 할머니와 같이 한 세월의 이야기를 할아버지께서 “앙톨양과 함께 한 19년”이라는 부제를 달고 『앙톨 양의 군산 여행』이라는 제목으로 저의 일대기를 정리하신다는 이야기를 전해 들었습니다. 올해 안에 볼 수 있게 되기를 희망합니다. 할아버지. 기대해요.

동탄에서 2025. 12. 1. 앙톨 올림.

유경선 (아호 晴天) 수필가

육군 중위 제대
중등 교원 정년 퇴직
교육장, 교육감 상 다수 수상
부총리 겸 교육부 장관상 수상
녹조 근정훈장 수상
개인 문집 수 차례 발행
문학고을 신인문학상 수상
문학고을 등단(22년 7월. 수필)
문학고을 최우수작가상 수상 (24년 4월 수필)
공저
'종합문예지 청목' 외 다수

계절소회季節所懷

유제우

지난 가을은 오랜만에 '가을다운 가을'을 맞았다. 얼굴에 간간이 서늘한 바람이 스치더니, 이내 단풍이 들고 비가 몇 차례 내린 뒤 나뭇잎이 스스로 떨어지는 모습까지 온전히 지켜볼 수 있었다. 생각해 보면, 계절이 본래의 모양대로 오고 가는 모습을 만나는 일이 어려워진 요즘이다.

올해도 가을은 풍성했지만, 봄과 여름은 어딘가 허전하게 지나갔다. 비가 잦아 꽃잎은 금세 져버렸고, 초여름 장마는 흐리기만 하다가 시원한 비 한 번 내리지 않은 채 스쳐 갔다. 뒤이어 한여름의 무더위가 기세를 올리며 우리를 지치게 했지만, 기운을 한꺼번에 쓴 탓인지. 가을바람 한 줌에 물러나 버렸다.

가을은 내게 가장 안심이 되는 계절이다. 어떤 이는 생명력이 솟는 봄을 좋아하고, 또 다른 이는 맑고 고요한 겨울을 사랑하지만, 나에게 가을은 지쳐 있던 마음이 다시 살아날 뜻을 품게 하는 계절로 남는다. 살다 보면 누구나 주저앉고 싶을 때가 있다. 그때 곁에서 손을 잡아주는 이가 없더라도, 가을은 우리가 스스로 일어나 다시 걸음을 떼도록 부축해 주는 힘을 품고 있다.

그래서인지, 긴 병상에서 보낸 여러 해의 계절 중에서도 유독 가을에만은 삶을 향한 의지가 되살아났다. 창밖에서 비치는 빛의 색이 매일 달라지고 잎이 지는 모습을 바라보다 보면, 어느 가을 시의 구절처럼 사랑하는 이들을 위해 홀로 기도하게 된다. 그러고 나면 마음 깊은 곳에서 잔잔한 미소와 회복의 기운이 차오르는 것을 느끼곤 했다.

봄은 두세 살 아이의 웃음처럼 투명한 계절이다. 그 웃음 앞에서 세상의 일들은 하찮아지고, 마음에는 설명하기 어려운 사랑이 고이 솟는다. 젊은 날의 봄은 무엇이든 해내야 할 것 같은 분주한 활기로 다가왔지만, 나이 들어 맞는 봄은 그저 존재만으로도 생명의 숨결이 충만한 소생의 계절이다. 김영랑의 시구, '나는 아직 기다리고 있을 테요, 찬란한 슬픔의 봄을' 이라는 말이 그 짧은 아름다움의 본질을 잘 담아낸다.

여름은 본디 아이들의 계절이었다. 해가 늦도록 뛰놀던 시절, 마당 평상 위에서 저녁 바람을 맞으며 스르르 잠들던 기억은 이제 꿈결 같은 추억으로만 남아 있다. 그러나 장년에 들어서며 여름은 점점 무거워졌다. 더위는 해마다 사나워졌고, 나는 그 더위를 피해 에어컨 아래로 숨어들었다. 인공의 찬바람에 오래 몸을 맡긴 탓인지, 여름 감기로 시작된 긴 병은 이듬해에도, 또 다음 해에도 계속되었다. 결국 나는 두 번의 여름을 병실에서 보내야 했다. 무기력함과 절망에 지지 않으려 버티던 나날들, 그 여름 내내 축적된 깊은 피로와 우울은 지금까지도 가끔 찾아와 마음을 흔든다.

세월이 쌓일수록 여름은 누구에게나 견디기 버거운 계절이 되어간다. 하지만 그럼에도 우리가 이 여름을 이겨내는 것은, 그 끝에 반드시 가을이 찾아온다는 사실을 알고 있기 때문이다. 여름의 고단함은 가을의 회복을 예비하는 시간이고, 우리는 그 약속을 믿으며 한 계절을 더 견뎌낸다.

겨울은 오래 잠들어 있고 싶은 계절이다. 어릴 적 한옥집 문틈으로 외풍이 사납게 들이치던 새벽들, 연탄불을 갈고 들어오시던 어머니의 기척, 그 냉기 속에서도 나를 끌어안아 주시던 따스한 품이 지금도 또렷하다. 안마당에 포슬포슬 내리던 새벽 눈까지 떠올리면, 그 혹독했던 겨울마저 어느새 견딜 만한 계절로 기억이 바뀌곤 한다. 겨울은 움츠러들게 하지만, 그 안에서 우리는 삶의 온기가 얼마나 소중한지를 깨닫는다. 추위가 깊을수록 봄을 기다리는 마음은 더욱 간절해진다.

삶도 그러하지 않을까. 누구에게나 여름과 겨울 같은 지난하고 혹독한 시절이 있지만, 그 안에서도 우리를 붙들어주는 무언가는 반드시 곁에 있다. 그것은 여름 끝의 가을 같은 소박한 희망일 수도 있고, 추운 새벽 어머니의 품처럼 지금의 나를 지탱해 주는 곁의 사람일 수도 있다.

네 계절을 돌아보니, 나는 결국 그 희망과 곁의 사랑에 기대어 여기까지 걸어온 셈이다. 그 길은 결코 혼자가 아니었고, 언제나 어딘가에서 빛이 나를 비추고 있었다는 사실을 알게 되었다. '저녁에는 울음이 머물지라도 아침에는 기쁨이 오리로다' 라는 시편의 말씀처럼, 지나온 모든 계절은 저마다의 이유로 나와 함께 해주었고, 나를 살려낸 셈이다.

그래서 지금의 겨울도 한결 평온하다. 그리고 머지않아 올 봄의 첫 산책이 벌써 마음을 설레게 하고 있다. 다가올 봄은 꽃향기로 가득 차 있으리라. 봄다운 봄으로 말이다.

유제우 수필가

68년 대전 출생. 경기도 용인 거주
맨체스터대학교 경영대학원(MBA) 졸업.
기업분석, 기업금융 분야에서 일하다, 긴 투병을 계기로 글을 쓰기 시작.
문학고을 신인문학상 수상
문학고을 등단 수필 부문
e-mail : valueair@naver.com

작전 명령 '나들이'

이수향

일 년에 두 번, 우리 센터에는 특별한 날이 찾아온다. 바로 어르신들의 '나들이'다. 평소 실내에서만 지내는 분들이라 계절의 변화를 직접 느낄 기회가 드물기에, 나들이는 어르신들에게 축제의 날이다. 거동이 전혀 안 되는 한 분을 제외하고 모든 어르신이 가을 햇살을 맞으러 공원으로 향한다. 센터에서 도보로 불과 5분 거리지만, 그 길을 나서기 위해서는 작은 작전이 필요하다. 차량, 보조 인원, 간식까지 철저히 준비해야만 안전하고 즐거운 나들이가 완성되기 때문이다.

며칠 전부터 사회복지사는 어르신들의 건강 상태를 고려해 도보팀, 소형 차량 팀, 대형 차량 팀, 휠체어 팀으로 명단을 나누었다. 몇 번의 경험이 있어도 준비 과정마다 '한 번 나가는 일이 보통 일이 아니구나' 하고 느낀다. 무엇보다 직원들의 손발이 맞아야만 무사히 다녀올 수 있음을 잘 알고 있다.

점심 식사 후, 조리사 선생님과 함께 간식을 준비했다. 샤인머스캣, 방울토마토, 파인애플을 한입 크기로 잘라 예쁜 개인 과일 컵을 만들고, 음료와 과자, 기정떡을 개인별로 챙겼다. 저작 능력이 약한 분들을 위해 과일을 잘게 다지는 세심함도 잊지 않았다.

나는 동료 요양보호사와 함께 건강한 어르신 세 분을 모시고 도보 선발대로 출발하기로 했다. 그런데 어린 시절 소풍 전날 설레어 잠을 이루지 못했던 우리들처럼, 어르신들도 들뜬 마음에 낮잠도 거른 채 일찌감치 준비를 마치셨다. "몇 시에 출발하나?", "날씨는 어떠냐?", "얼마나 있을 거냐?" 연신 질문을 던지시며 조급해하는 모습에 예정 시간보다 조금 일찍 길을 나섰다.

다행히 요양보호사 교육원의 실습생들이 함께해 예년보다 수월하게 어르신들을 모실 수 있었다. 조리사 선생님 두 분까지 합류하니 그야말로 비상 작전이었지만, 모두의 얼굴에는 웃음꽃이 피었다. 쏟아지는 햇살과 기분 좋은 바람은 수고로움을 감사의 순간으로 바꾸기에 충분했다.

공원에 도착하자마자 어르신들은 지팡이, 워커, 휠체어를 이용해 벤치에 자리를 잡으셨다. 알록달록 물든 나무와 따스한 가을 햇살에 "좋다, 좋다"를 연발하셨다. 산책로를 거니느라 간식을 마다하는 분도 계셨고, 서로 과일을 권하거나 사위에게 주겠다며 떡을 가방에 넣는 분도 계셨다. "여기 나온 김에 마트도 들렀다 가자" 하시는 분까지, 웃음과 이야기로 공원은 금세 활기가 넘쳤다.

짧은 레크리에이션과 걷기 운동을 마친 뒤, 혹여 감기라도 걸리실까 아쉬움을 뒤로 하고 서둘러 정리를 시작했다. 출발 30분, 체류 1시간, 귀환 30분. 작전은 치밀하게 진행되었고, 우리의 바람대로 모두 안전하게 센터로 돌아왔다.

안전하게 돌아온 지금, 문득 지난 나들이가 떠오른다. 작년 함께했던 어르신 중 한 분은 폐암으로 돌아가셨고, '진정 난 몰랐었네'를 부르며 흥에 겨워 손뼉을 치시던 어르신은 지금 병세가 악화해 요양병원에 계신다. 그분은 나들이를 다녀오신 이후 몇 차례나 사투리를 써가며 "그때 자네랑 같이 갔지… 재미났었던 디… 우리 또 나가자고…" 하셨다. 또 다른 어르신은 이제 우리와 함께하지 못할 먼 여행길에 오르셨다. 좋은 음식을 먹으면 식구가 생각나고 좋은 곳에 가면 사랑하는 이가 떠오르듯, 나들이를 다녀오니 그리운 어르신들 생각에 가슴이 저며온다.

햇살 아래 벤치에 앉아 과자를 드시던 몇몇 어르신의 뒷모습이 오래도록 눈에 남는다. 그분들은 한때 자녀들의 소풍날 새벽부터 김밥을 싸던 부모였다. 그 김밥을 먹고 자란 자녀들은 또자기 자녀를 위해 새벽밥을 준비했을 것이다. 인생은 그렇게 이어지고, 우리는 그분들의 어깨 위에 살포시 내려앉아 있다. 지금은 나약한 모습으로 누군가의 도움이 필요하지만, 그들을 붙드는 힘은 바로 자녀들에게 심어놓은 사랑의 씨앗에서 비롯된다는 것을 안다. 나는 그분들을 통해 돌아가신 부모님과의 추억을 떠올리고, 그분들을 통해 엄마 아빠를 다시 만난다

햇살 아래서 웃던 얼굴, 바람에 흩날리던 웃음소리, 손에 꼭 쥔 과일 컵 하나. 그 모든 것이 영화의 한 장면처럼 남아 있다. 나들이는 하루의 행사가 아니라, 어르신들과 우리가 함께 만들어가는 추억 영화다. 우리는 내년 봄 벚꽃을 보며 오늘의 가을 햇살을 떠올릴 것이다. 다시 가을을 느끼며 함께한 봄의 추억을 소환할 것이다. 함께 길을 걷고, 계절을 건너며, 삶을 나누어 갈 것이다.

나들이가 무사히 끝나자, 센터장님은 직원들과 실습생들에게 커피를 사주셨다. 아이스 라테 한 모금에 긴장이 녹아내린다. 누군가를 안전하게 지켜내는 일, 그들의 웃음을 되찾아 주는 일. 바로 우리의 의무이며 보람이다. 짧은 나들이였지만, 오늘의 행복한 순간은 오래도록 마

음에 남을 것이다. 그리고 무엇보다 큰 소리로 기쁘게 외쳐 본다. 작전 코드 '나들이'—성공. 대성공.

이수향 수필가

서울 출생
한국외국어 대학교 교육대학원 불어교육 석사
호주 University of Canberra에서 TESOL 석사
IDP어학원 교수 부장
EFL영어 학원 원장
cafe gate 운영
다산 삼성 영어 부원장
현재 A+ 우리 사랑 복지센터 요양보호사

푼타레나스, 짧은 인연의 눈물
(코스타리카, 1986년 3월 27일)

장수호

이틀 전, 전화 때문에 무서운 일을 겪었지만 그래도 시내 정도는 혼자라도 괜찮겠지 싶어 길을 나섰다.

그러다 우연히 한국 사람처럼 보이는 중년 여성 한 분이 눈에 띄었다.

나는 얼른 뒤따라가 조심스레 말을 걸었다.

"한국 분이세요?" 낯선 땅에서 들려온 한국말에 그분은 깜짝 놀란 듯 뒤돌아 섰다. 말을 잊은 표정으로 한참 바라보더니 손으로 입을 가리며 말했다. "어머나… 한국에서 오셨어요?" "네."

"아니, 어떻게 이곳에…?" "배 타고 왔습니다."

짧은 대화를 주고받는 동안 그분은 믿기 어려울 만큼 반가워했고, 바로 앞 레스토랑에서 일한다며 잠깐 들렀다 가라고 권했다.

마침 배도 고픈 터라 나는 자연스레 그 가게로 향했다. 정말 오래간만에 한국 사람을 만났다며 그분의 눈시울은 금세 젖어들었다.

만리 타국, 이 외진 곳에서 얼마나 외롭고 힘들었으면 같은 나라 사람이라는 이유 하나만으로 이렇게 마음을 터뜨릴까 그 생각부터 들었다.

그분은 미국에 머물다 이곳에 온 지 벌써 8년 가까이 되었지만 한국 사람을 거의 만나지 못했다고 했다. "힘드시죠?" 하고 조심스레 묻자, 그 질문 한마디에 그분은 그대로 눈물을 쏟아냈다.

고향 떠난 지도 20년이 넘었고, 그 사이 부모님은 모두 돌아가시고, 한국엔 언니 한 분만 남아 계신데 함께 살 때 왜 그렇게 다퉜는지, 그게 지금 생각하면 너무 미안하고 또 너무 보고 싶다고…

말을 잇다가 감정이 북받쳐 펑펑 우셨다.

그 모습을 보며 나 역시 시켜놓은 음식엔 손도 가지 않고 티슈로 눈가만 훔칠 뿐이었다.

저녁 시간, 그분은 퇴근 후 우리 배로 찾아왔다.

고향 냄새 나는 저녁 밥상 앞에서 더 많은 이야기를 나누었고, 처음 만났을 때와는 달리 밝게 웃고 떠들며 잠시나마 외로움을 잊는 모습이었다.

그렇게 짧지만 깊은 인연의 하루가 지나갔다.

그리고 이틀 뒤, 우리가 다시 출항하던 날이었다.

출항하던 날, 부두 한켠에 서서 손을 흔들던 그녀의 얼굴이 보였다. 짧은 인연이었지만 그 눈가에 맺힌 눈물은 이국땅에서 견뎌온 외로움의 무게보다 더 많은 이야기를 품고 있었다.

배가 천천히 멀어지자 그 모습도 파도 속으로 서서히 녹아 사라졌지만, 그날의 환한 웃음과 마지막의 조용한 눈물은 오래도록 잊히지 않을 영화의 한 장면처럼 지금도 기억 속에 남아 있다.

장수호 수필가

현(現) 제주시 한림.비양도 도항선 선장.
1980~1990년대 국내외 선원.
항해사 근무.
2025년 11월 문학고을 신인문학상 수상
문학고을 수필 부문 등단
제80회 1차 공모 등단 당선

December · 디셈버-겨울 예찬禮讚

정안나

사랑을 위해 겨울밤을 서성이지 않아도 되니 얼마나 좋은지 모른다. 한 번쯤은 자정 근처 포근히 퍼지는 은은한 불빛 가로등 아래에서 서성여봄직도 한 20대 청춘 연인戀人의 길들이 다시 이어지지 않아 얼마나 다행인지 모른다. 물론 우리 사랑하는 세 딸들의 아빠와 나와의 이야기가 당연하지만 슬픈 가슴앓이들은 건강의 과소비임을 알게 되었다고 해야 옳을 것이다.

12월이면 불교佛敎계 스님들은 동안거冬安居 중심에 있는 기간이다. 예수 그리스도를 믿음의 중심에 두는 기독교基督教는 11월 추수감사절부터 한 해 동안의 영육적 경작과 거둠에 감사를 드리며 풍요로운 날들을 이어 12월이면 단연斷然코 크리스마스Christmas 시즌에 들어 어디든 휘황찬란輝煌燦爛함에 가지런하던 맘들도 저절로 들뜨듯하게 한다. 집사執事 만 25년차에 입성하는 우리 교회만 하여도 밤하늘과 땅에 오색찬란한 무지개처럼 혹은 수려한 왕관처럼 빛나고 있는 성전 외벽의 겨울 단장들은 시선을 떼지 못하게 하고 있으니 하느님의 독생자 예수 그리스도의 탄생은 온 인류의 사랑과 평화의 디딤돌 반석이 분명한 것이다. 정하여진 기간 없는 피정避靜과는 다른, 세상과의 분리 아닌 분리로 자신의 원하는 대로 되지 아니하는 세상이거나 그 반대이거나에 봉착하였을 때, 묵상默想과 같은 시간을 내어 평온대에 들도록 하는 각 종교계의 세심한 배려들은 절망하는 마음에 늘 감동을 선물하고는 한다.

희수고대鶴首苦待를 늘 달고 다니던 기다림 속 '희고 긴 겨울방학' 이 보석처럼 반짝이는 12월이면 함박눈을 맞으며 눈싸움을 하거나 마당 한 켠에 눈사람을 만들어 백구와 함께 친구하는 순전純全한 마음들로 채우게 되는데 그 기쁨은 '하얀 눈' 이 주는 오직 겨울만이 가지는 단상들이기에 날마다 겨울예찬禮讚이 쉬워지게 되는 것이기도 하다.

우리 집에만 하여도 '겨울아이' 가 넷이나 된다.

친정 식구까지 더하면 겨울 달력에 쓰여지는 이름들은 열 명이다. 친정부모님, 외삼촌내외님, 친조카(옛말:족하足下) 둘과 세 딸들과 남편, 시댁을 더하면 매일매일 생일케이크가 둥둥 떠다니게 되지 않을까 싶은 생각에 웃음이 난다. 왁자지껄한 가족들의 함박눈 같은 웃음들이 영원하기 위한 조건들을 형성하고 이루기 위해 또다시 웃고 떠드는 기쁨과 행복이 반복되는 천국天國, 내게 가정家庭의 의미인 것이다.

December · 디셈버,가 주는 어감語感은 참 깨끗하고 맑다. 그야말로 손이 시리고 발이 시려오는 겨울바람이 쌩쌩 부는 12월에 제격인 것이다. 부정不正과 부정不正을 불사르듯 오고 가는 정확함으로 냉정하지만 온화한 선율처럼. 하지만 우리나라처럼 봄 여름 가을 겨울 사계절이 없는 '열대 국가' 에서는 의미 없는 판단으로 간주되기 쉬우며 그저 분별이 필요한 국가에서 차용된 나날들처럼 여겨질 수 있는 열두 번째 달에 불과할 수 있는 것으로 인하여 열대국가熱帶國家가 아닌 열대지역熱帶地域으로 우리들에게 불리우고 있음이 아닐까 싶어지니 저 달이 저 해가 흐려지는 이유들과 하나같다 할 만한 것이다.

그러하던 중 뉴에이지 계열 미국의 피아니스트 조지 윈스턴(George Otis Winston III, 1949년 2월 11일~2023년 6월 4일)의 「12월」을 만나게 되었었다. 아마도 1989년 겨울이었을 것이다. 그 겨울을 준비하기 위해 이미 가을부터 여름부터 내 귀에 들려오기 시작했었는지 모를 일이었다는 판단은 이미 이 피아노 곡은 1982년 1월 세상 빛을 보았었다는 것으로, 한 송이 국화꽃을 피우기 위하듯 그 꽃을 같이 피우기 위해 나 역시 동조하며 도시인都市人으로서 교양과 품격을 유지하기 위해서라도 수시로

책과 음반을 내 것으로 만들던 중 소지하였을 것이었다. 허공에 날리는 하이얀 눈들과 설경을 연상하기 쉬운 피아노 멜로디에 놀라 바로 구입購入하곤 매일每日을 또 듣고 듣고, 1987년 봄부터 한 동안을 실어증失語症이나 벙어리라도 되고 싶던 내 맘을 달래주듯 하는 내 애심愛心의 발로로 여겨져 눈물짓지 아니할 수 없었다. 어렵거나 과감한 테크닉이 없이도 간결하고 단아하게 솟은 한 모금의 샘물을 마시듯 편히 쉴 시간을 주던 아름다운 곡들.

그해 겨울 유난히 눈이 많이 내렸었다. 종아리까지 눈이 쌓이던 서울 화곡동 동네 초등학교를 돌던 출퇴근 골목들, 대학교大學校 입학에 대한 연민과 갈등에 지쳐 일상을 버리고 한강漢江에 빠져 죽으려 했던 순간들이 잠을 잤던 봄 여름 가을들, 그러나 기적처럼 애통의 메아리는 울려 퍼져 지나가던 자전거를 탄 낯선 청년이 들려주던 영혼의 '사랑의 속삭임들', '죽지 마요~!', 내가 잘못 들었나 싶었고 되묻고 싶어 돌아보니 저만치 지나가던 푸르른 자전거 바퀴들, 차가운 빗방울로도 배부른 한강의 강물은 나마저도 한 방울 빗방울로 흡수하려는 듯이 내 발끝을 잡아당길 듯 한강 고수부지高水敷地 한 두 계단 아래까지 차올라 있었다. 「바람 부는 날이면 압구정동에 가야 한다(We Must Go to Apgujung-dong on Windy Days ,1993.1.22.개봉)」는 어쩌면 '역설적 희망강요제' 였을 것이었다. 나의 갈등과 방황이 끝이 나던 무렵 솟아난 또 다른 장르의 답안지로 우리의 결혼식 일정을 잡은 후의 평온이 전해준 사랑이기도 했었을 법한 따듯한 위로들이었다. 사실, 이 영화를 제대로 본 적은 없다. 단지 제목만으로도 희망이 되기도 하던 느낌들이 여전하며, '그대가 아플까 아프다는 말도 못한다' 는 시구詩句처럼 동시대를 살아가는 우리들은 서로를 응시하며 웃고 사는 것이었을 테다. 그러나 사무적이던 나는 이런 감정들이 사소한 감정 남발로 다가와 청승맞다며 움트는 감정들에 절제節制라는 이름으로 가지를 쳐냈었을 것이었다. 그리곤 시간을 건너와 되돌아온 나만의 것이던 '내 감정의 세례洗禮' 를 속수무책으로 맞이하여야만 한다는 것도 알게 되었던 것이다. 다시 그리하여도 얼마나 다행인가, 감정을 살피고 다스릴 시공時空이 있다는 것만으로도 살만한 것이었다.

'조지 윈스턴(George Winston)' 의 디셈버 · December 앨범은 결국 중학교 2학년이던 1982년부터 7년간 나를 맴돌았을 뿐, 평온한 나를 찾은 이후에야 나를 만나게 되었다고 볼 수 있으니 놀랍지 않을 수 없다. 성경매니아mania 누군가는 '7년 대환란' 이라고 할만한 기간들, 굳이 성경으로 대치를 시켜본다면 긴 모험게임처럼 7년간 놀이공원의 청룡열차를 탄 듯, 좋은 기억들이 대부분이라 해야 할 것이었다.

환난이 이룬 완성된 소망, 이는 어려운 듯하여도 어디서든 쉽게 찾아볼 수가 있다. '가시 없는 장미' 란 도무지 생각할 수도 없었던 1982년, 그러나 지금은 '경기도 농업기술원' 에서 개발한 '필립' 이나 '딥실버' 등의 장미가 농가에 보급 중이며 가시가 있되 기존의 품종보다는 적은 '보보스' 라는 장미도 같이 태어났다고 한다. 세상을 향해 가시투성이였던 나와 치환되는 시점에서, 독불장군과 겨루는 듯한 독신녀를 꿈꾸기도 하던 어린 날들 이후, 가시 없이도 아름다운 자태와 향기를 품을 수 있는 날들을 살고 있는 세 딸의 어머니와 사랑하는 아내가 된 것이니 감사하지 아니할 수 없는 7년 혹은 그 갑절의 갑절 시간 속 인고忍苦의 세월값으로 남은 '흔들리며 핀 꽃' 인 것이라 할 것이다.

조계종은 전국 100여 개의 선원 등에서 2000여 명이 참여하는 동안거冬安居를 진행중이며 일정하게 정하여진 공간에서 신문 · 잡지 · TV와 같은 대중매체를 전면 차단하거나 묵언을 수행하며 외출을 삼가고 하루 일과를 엄격히 지키며 좌선 등에 용맹정진하게 된다고 한다. 동안거冬安居가 끝나는 신년 1월 15일이면, 지금 몰랐던 것을 그때는 알 수 있을 것이라는 희망과, 지금은 고단한 일상이지만 그때는 참 잘 참았노라며 행복의 미소를 지을 수 있음에 대한 인내의 동의가 동안거冬安居 결제結制 첫 번째 단추를 꿰었을 것이다. 모든 일의 첫 단추를 꿰는 일은 시작이 반이라는 절반을 이룸과 같음이니 동안거冬安居에 들며 한 해 절반은 성공함과 같다 할 수 있음도 이와 같음이라 하겠다.

'사랑을 위해 겨울밤을 서성이지 않아도 되니 얼마나 좋은지 모른다.',라고 쓴 첫 문장은 처음부터 고민거리가 되었다. 2주 전 내년(2026년) 초 늦겨울에 있을 첫아이 결혼식으로 양가 부모 상견례相見禮를 마친 지금, 마치 맞선을 내가 보는 듯한 난생처음의 행로들과 설렘들을 포함한 일상을 SNS에 공개해야 하는지 등의 사소하지만 중요한 갈등들과 이로 하여금 밤길 안전 문제가 와닿아 아직 당도하지 아니한 미래 속 아이들의 아이들의 어른들의 어른들의 밤길을 서성이는 또 다른 나를 갖게 되어 혈압상승 중인 나의 2025년 12월은 우유부단으로 가뭇없기만 하다.

정안나 수필가

「Power Bible 사랑하는 우리」 출간
현(現) 휘건전자 이사
현(現) 수필가 (Essayist:문학고을 신인문학상 수필 수상 2024.11)
현(現) 브런치스토리(Brunchstory) 작가
현(現) 네이버 오디오클립 크리에이터(네이버 블로그 운영)
구(舊) 홍익대학교사범대학부속초등학교 학습준비물센터 자료제작보조원
구(舊) 서울남산도서관 정보자료실 주말계약직
구(舊) 서울화곡초등학교 도서명예교사 간사/녹색어머니회
구(舊) 서울신화중학교 명예사서/학부모회 활동들
구(舊) 대명전자 품질관리(Q.C) 주임 등
국립한국방송통신대학교 국어국문학과 졸업(문학사 2017.02)
평생교육사2급(2024.06)
NCS 강사(2024.08)
글로벌원격교육코디네이터/진로계발지도사/성인교육지도사
CS교육전문강사 및 스트레스관리사1급외 8종 자격
문화복지사/독서지도사/한국사지도사/방과후지도사/심리상담사
TM(In · Out Bound 상담사-생명보험설계사/손해보험설계사 등)
전자출판기능사/전자기기기능사/음향영상기기기능사/무선설비기능사
국군장병위문편지쓰기 대회 우수상(체신부 주최:1982년)
식목일기념 백일장 '동시' 부문 장려상(전일방송 · 전남일보 주최:1979년)

내려놓음은 새로운 삶을 여는 문

주진복

살아가다 보면 마음속에 쌓이는 것들이 참 많다. 미련, 두려움, 책임감, 그리고 말하지 못한 감정들까지. 그 무게를 품고 하루를 걷다 보면 문득 깨닫게 된다. 불필요한 것을 놓을 때, 삶의 방향이 비로소 보인다는 사실이다. 사람은 하루에도 수십 번 마음속 짐을 움켜쥔다. 과거의 후회, 해결되지 않은 감정, 책임감, 두려움까지 그렇다. 그러나 진짜 성장의 순간은 더 쥘 때가 아니라 조금씩 놓을 때 찾아왔다. 나 역시 그러했다. 세 번이나 죽음의 문턱을 넘으며 한 가지를 깨달았다. 쥐고 있던 것의 절반은 사실 나에게 필요 없는 것들이었다.

내려놓음은 포기가 아니라 새로운 선택이었다. 나태주 시인은 "보고 있는 것, 듣고 있는 것, 사랑하는 것, 그리고 너 자신까지 놓아라"라고 말했다. 처음엔 쉽지 않았다. 36년을 소방관으로 살며 모든 순간을 '붙잡아야 한다'는 의무로 살아왔기 때문이다. 불길을 잡아야 했고, 구조선을 붙잡아야 했고, 누군가의 생명을 끈질기게 붙들어야 했다. 정년퇴직 후 작가가 된 지금, 붙잡기보다 내려놓는 일이 더 큰 힘을 준다는 걸 깨달았다. 그 경험을 통해 비워내는 용기가 나를 더 단단하게 만들었다. 내려놓는다는 건 도망이 아니라, 더 멀리 가기 위해 가볍게 걷는 지혜였다.

소유에서 즐김으로, 의무에서 여행으로 바뀐 삶이다. 현장에서는 매 순간이 긴장의 연속이었다. 삶의 온도는 늘 뜨거웠고, 마음은 늘 무거웠다. 하지만 이제 나는 삶을 하나의 '여행'으로 바라보려 한다. 소유가 아니라 즐김으로, 고행이 아니라 여정으로 받아들이려 한다. 헨리 데이비드 소로의 말이 떠오른다. "직업을 밥벌이가 아니라 즐거움으로 삼고, 대지를 소유하려 하지 말고 누리라."라고 했다. 내 인생 3막은 바로 그 '즐김'에서 시작되었다. 책을 읽고, 글을 쓰고, 사진을 찍고, 매일의 작은 사색을 기록하는 삶을 살고 있다. 누군가를 구하기 위해 뛰던 발걸음이 이젠 마음을 구하고 치유하는 글로 이어지고 있다.

비워야 피어난다. 꽃이 그렇듯, 삶도 그렇다. 농장과 정원에서 꽃을 돌보다 보면 늘 깨닫는다. 진짜 생명력은 '지키려는 힘'이 아니라 '흘려보내는 자연스러움'에서 나온다는 사실이다. 꽃은 시들면 과감히 내려놓는다. 씨앗을 남기고, 바람에 몸을 맡기고, 때가 되면 다시 피어난다. 나도 이제야 조금은 알겠다. 내가 붙잡던 역할, 이름, 기대, 두려움을 내려놓을 때 비로소 나의 이야기가 다시 피어난다는 것을. 내려놓음은 잃는 것이 아니라 새로 피어날 준비이다.

죽음의 문턱에서 돌아온 뒤 나는 하루의 소중함을 더 깊이 느끼게 되었다. 오늘이 선물인 이유는 오늘이 마지막일 수도 있기 때문이 아니다. 이 순간은 다시 오지 않는 유일한 시간이기 때문이다. 기쁨은 채움에서 오지 않았다. 기쁨은 '만족' 에서 왔고, 만족은 '감사' 에서 왔다. 그리고 감사는 '내려놓음' 에서 시작되었다.

내려놓음이 가져온 또 다른 기적도 있었다. 퇴직 후 나는 글을 통해 또 한 번의 기적을 경험했다. 예전에는 생명을 구하기 위해 몸으로 뛰었다면, 지금은 문장을 통해 마음을 건져 올리고 있다. 쓰다 보면 어느 순간 남을 위로하려 쓴 문장이 오히려 나를 먼저 치유하고 있었다. 내 마음의 먼지를 털어내는 시간, 내려놓은 만큼 가벼워지는 시간이 바로 글쓰기였다. 그리고 깨달았다. 내려놓음은 단지 비우는 행위가 아니라 새로운 나를 채우는 과정이라는 것을.

남은 생은 더 이상 성과나 인정을 위한 시간이 아니다. 조금 느리게, 조금 가볍게, 나답게 살고 싶다. 내려놓음은 결국 나를 되찾는 일이었다. 인생 3막을 여는 힘은 '비움에서 오는 단단함' 이었다. 나는 36년 동안 수많은 현장을 지나왔다. 생의 마지막 순간을 마주한 사람들 곁에서 삶이 얼마나 덧없고 동시에 귀한지 배웠다. 그 시간 동안 마음속에는 하나의 진실이 자라났다. "삶은 움켜쥔다고 더 단단해지는 것이 아니라 놓아줄 때 비로소 본래의 빛을 찾는다." 퇴직 후 농장에서 흙을 만지며 다시 깨달았다. 잡초는 뽑아줘야 하고, 가지는 전지해야 하며, 뿌리는 때때로 흔들림을 겪어야 더 깊이 내려간다. 비움은 약해지는 것이 아니라 새로운 성장을 위한 밑거름이었다.

그리고 이젠 안다. 내려놓음은 나를 텅 빈 사람이 아니라 '채움이 가능한 사람' 으로 만든다는 사실을. 인생 3막은 더 크게 성취하는 시기가 아니다. 더 가볍게, 더 자유롭게, 더 온전히 나로 사는 시간이다. 그 시작점에 '내려놓음' 이 있었다.

이 글은 나태주 시인의 「놓아라」를 읽으며 떠오른 내 삶의 흔적에서 시작되었다. 36년 소방의 길을 걸으며 '붙잡는 법' 만 배웠다면, 퇴직 후 작가로 살아가는 지금은 '놓는 법' 을 배우는 시기이다. 내려놓음은 도망이 아니라 더 단단한 나로 거듭나는 과정이다. 당신도 오늘 단 하나만이라도 내려놓아 보길 바란다. 그 작은 내려놓음이 인생의 새로운 문을 조용히 열어줄 것이다.

주진복 수필가

대졸 법대 법학 전공
전 양구소방서장, 전 춘천소방서장,
전 강원도소방본부 소방행정과장,
전 강원도소방본부 소방본부장 직무대리,
전 강원도 소방본부 방호구조과장,
전 삼척소방서장
문학고을 신인문학상 수상
문학고을 등단 수필 부문
문학고을 최우수작가상 수상

신작소설

곽 보 경

서 종 식

번역되지 않은 마음

곽보경

전주 삼천동 코인세탁소에는 계절과 상관없이 늘 비슷한 온도의 공기가 떠돌았다.

바깥은 겨울인데, 안은 묘하게 후텁지근했고, 세제 냄새와 젖은 옷 냄새가 엉켜 있었다.

세탁기는 둔탁한 소리를 내며 빨래를 휘저었고, 건조기 안에서 셔츠와 수건들이 기계적으로 뒤집혔다.

곽희용은 세탁기 앞 플라스틱 의자에 앉아 있었다.

등받이는 얇아서 허리를 기대면 딱딱한 플라스틱이 바로 척추를 받아냈다.

그는 허리를 살짝 떼고, 자세를 반쯤 접은 채 앉아 있었다.

휴대폰 화면 상단에 붉은 숫자 하나가 떠 있었다.

[받은편지함(1)]

카드사, 인터넷 쇼핑몰, 포인트 소멸 안내.

그는 그런 메일들에 익숙했다.
그래서 별 기대 없이 터치했다.

[파리 메종 드 라 포에지 레지던시 초청 관련]

제목을 읽는 순간, 손가락이 멈췄다.
그는 습관처럼 화면을 껐다가 다시 켰다.
그리고 안경을 코끝까지 끌어내려 썼다.

메일은 정중한 한국어와 영어, 프랑스어가 함께 적힌 형태였다.
한국어 문단부터 눈에 들어왔다.

–프랑스 파리 '메종 드 라 포에지(Maison de la Poésie)' 입니다.
귀하의 소설 『텅 빈 오후의 문장들』 프랑스어 번역 출간을 계기로,
동 문학관의 겨울 레지던시 프로그램에 초청하고자 합니다.

체류 기간: 3개월
제공: 작업실 및 숙소, 소정의 체류비
예정: 작가와의 대화 2회, 강연 1회

통역은 한국어에 능숙한 현지 프랑스인 번역가가 전담합니다.

자세한 일정은 추후 협의드리겠습니다.

가능한 한 빠른 회신을 부탁드립니다.

그는 화면을 끝까지 내린 뒤, 다시 위로 올렸다.

첫 줄을 다시 읽었다.

메종 드 라 포에지.

이름은 알고 있었다.

몇 년 전 문예지에서, 프랑스 문학계 특집 기사로 한 번 본 적이 있었다.

파리에 자리한 시 · 문학 전문 문화공간.

촘촘한 일정과 낯선 언어 속에, 각 나라 작가들이 몇 달씩 머물다 간다는 곳.

그때 글을 읽으며 '저런 곳에 갈 일이 내 인생에 있을까' 잠깐 상상해 본 적이 있었다.

그 상상이, 몇 년을 돌아 이렇게 메일함에 꽂혀 있었다.

세탁기가 '쿵' 하고 한 번 크게 울렸다.

탈수로 넘어가는 신호였다.

그 소리가 아니었으면, 그는 숨을 멈추고 있는 줄도 몰랐을 것이다.

세탁소 문이 열리고, 찬 공기가 한 번 들어왔다 나갔다.

동네 아주머니 한 명이 비닐에 싸인 패딩을 끌고 들어왔다.

"어머, 작가님 또 오셨어요?"

"예."

그는 휴대폰 화면을 아래로 내리며 대답했다.

"집 보일러가 가끔 말썽을 부려요.

빨래방이 제2의 난방이죠 뭐."

"책은 잘 써져요?"

아주머니의 질문은 늘 같았다.

그는 잠깐 생각하다가, 입꼬리를 한 번 끌어올렸다.

"요즘은… 빨래만 잘 됩니다."

아주머니는 웃음을 터뜨리고 건조기 앞에 서서 패딩을 넣었다.

문이 닫히고 나서야, 그는 다시 휴대폰을 들여다보았다.

화면 아래쪽에는 파란 글씨가 있었다.

[답장하기]

그는 그 버튼을 눌렀다.

새 메일 창이 떴다.

단 한 글자도 쓰지 못하고, 다시 닫았다.

세탁기 알람이 울렸다.

'삐―' 하는 소리가 유난히 크게 들렸다.

"일단… 빨래부터 챙기자."

그는 스스로에게 그렇게 말했다.

중요한 일을 앞에 두고, 사소한 일을 먼저 처리해야 마음이 좀 가라앉는 사람이었다.

전주천은 겨울에도 크게 변하지 않았다.

물빛이 조금 더 탁해지고, 바람이 조금 더 차가워질 뿐이었다.

삼천동 세탁소에서 집까지 가는 길은 두 가지였다.

골목을 곧장 올라가는 길,

그리고 조금 돌아서 전주천 둔치를 따라 걷는 길.

그는 늘, 돌아가는 쪽을 택했다.

빨래 바구니를 한 손에 들고 둔덕을 따라 걸었다.

강물 위로 가로등 불빛이 길게 드리워져 있었고,

낡은 벤치 위에는 아무도 앉아 있지 않았다.

예전에는 이런 풍경을 보면 머릿속에 자동으로 문장이 떠올랐다.

'겨울 강을 따라 걷는 사람은…'

따위의 시작이 저절로 떠올라, 그걸 붙잡아 종이에 옮기느라 바빴다.

요즘은 그렇지 않았다.
문장 대신, 생활이 먼저 떠올랐다.
오늘은 반찬이 뭐가 남았더라,
원고료가 들어오는 날이 언제였지,
기름값이 또 올랐다고 하던데, 같은 것들.

문장보다 생활이 앞서는 사람.
그게 쉰여덟의 작가가 된다는 의미일지도 모른다.

빌라 계단을 오르다가, 그는 3층 난간에서 잠시 멈춰 섰다.

숨이 아주 조금 찼다.

나이가 들수록, 계단은 점점 높은 산이 되어갔다.

그는 난간에 손을 얹고 아래를 내려다보았다.

입구 유리문 너머로, 전주천이 쥐꼬리만큼 보였다.

"그래도… 여기가 서울보단 낫지."

그는 중얼거리고, 다시 계단을 올랐다.

현관문을 열자 좁은 전세방의 공기가 그를 맞았다.

하루 종일 외출했다 돌아온 방은 사람 체온이 빠져나간 뒤의 특유의 냄새를 풍겼다.

전기장판과 합판 바닥, 책과 먼지의 냄새.

그는 빨래 바구니를 구석에 내려놓고, 책상 앞 의자에 앉았다.

노트북 옆에는 작은 액자 하나가 세워져 있었다.

눈 오는 날, 축구공을 들고 웃고 있는 여덟 살짜리 아이.

아들.

그는 액자를 손에 들었다가, 곧 내려놓았다. 사진을 오래 바라보는 것은 오늘도 쉽지 않았다.

노트북 전원을 켜고, 메일함부터 열었다.

방금 세탁소에서 본 메일이 가장 위에 올라와 있었다.

그는 마우스를 움직여 '답장하기' 를 다시 눌렀다.

커서가 빈 화면 위에서 깜빡였다.

'메종 드 라 포에지 담당자님께.'

첫 문장을 쓰고 나니 그 뒤로는 생각보다 빨랐다.

—초청 메일 잘 받았습니다.

제 소설의 번역을 계기로 초대해 주셔서 감사합니다.

제 상황상 몇 가지 조정이 필요하겠지만, 기본적으로는 초청을 수락하고자 합니다.

'수락' 이라는 단어 위에서 손가락이 잠시 멈췄다.

'감사히 받아들이고자 합니다' 로 바꿀까 하다가, 그는 그냥 두었다.

전송 버튼을 누르기 전, 그는 액자를 다시 바라보았다.
"세 달이면… 네 생일은 또 같이 못 보내겠네."

사진 속 아이는 당연하다는 듯 웃고 있었다.
그 웃음이 허락인지, 씁쓸한 농담인지, 그는 끝까지 알 수 없을 것이다.

그는 결국, 전송 버튼을 눌렀다.

파리에 도착한 날,
공항 유리문 너머로 보이는 하늘은 생각보다 낮았다.
서울의 하늘보다 조금 더 회색이었고,
비는 아주 가늘게 내리고 있었다.
문을 나서자 사람들 사이에서 팻말을 든 남자가 눈에 들어왔다.

KWAK HEEYONG

대문자 알파벳으로 적힌 이름이 마치 다른 사람 이름처럼 보였다.

"곽희용 작가님?"
팻말을 든 남자가 조심스럽게 한국어로 물었다.
"예, 제가 곽희용입니다."

"반갑습니다.

메종 드 라 포에지에서 나왔습니다.

저는 코디네이터 앙투안이에요.

오늘은 숙소까지 모셔다 드리고,

내일 문학관에서 다시 뵙겠습니다. 통역도 그때 소개해 드릴게요."

"통역… 분이 계시다고요?"

"네. 한국에 오래 사셨던 분입니다. 한국어 아주 잘해요. 작가님 책 번역에도 참여했어요."

앙투안의 말은 담백했다.

하지만 '번역', '참여', '오래' 같은 단어들이 마치 빗방울처럼 차례로 그의 어깨에 떨어졌다.

그는 캐리어를 뒤에 싣고 차에 올랐다.

공항 주변 도로를 벗어나자 회색 건물과 낮은 주택들이 번갈아 창밖을 스쳐 갔다.

비는 여전히 그치지 않고 있었다.

"파리는 처음이세요?"

앙투안이 물었다.

"예. 관광으로도 한 번도 못 와봤네요."

"겨울 파리는… 사람마다 평가가 갈립니다. 쓸쓸해서 좋다는 사람도 있고, 그냥 쓸쓸하다고만 느끼는 사람도 있고요."

"두 가지가 뭐가 다릅니까?"

그가 물었다.

“앞에 건 글 쓰는 사람이 하는 말이고, 뒤에 건 그냥 사는 사람이 하는 말 같아요.”

앙투안이 웃었다.

“전… 그냥 사는 쪽에 가깝고요.”

희용도 따라 웃었다.

“저는… 중간쯤인 것 같네요. 글도 써야 하고, 살기도 해야 하니까.”

“역시 작가님답게 말씀하시네요.”

앙투안이 사이드미러를 보며 덧붙였다.

“번역본, 읽어봤어요.

‘사람은 우울할 때 자기 속도대로 숨을 쉰다’는 문장, 좋더라고요.”

그는 창밖을 보다가 시선을 돌렸다.

“제가 그런 말을 했습니까.”

“본인은 잘 잊죠. 독자가 더 잘 기억합니다.”

앙투안의 말은 농담처럼 들렸지만, 그 안에 어떤 진실이 숨어 있는 것 같았다.

그는 다시 창밖을 바라보았다.

유리창 위를 타고 내려가는 빗방울들이 자기 길을 찾아 흘러내렸다.

숙소는 11구의 오래된 건물 꼭대기 층에 있었다.

엘리베이터는 있었지만, 버튼을 눌러도 꿈쩍도 하지 않았다.

"여긴… 엘리베이터가 인테리어입니다."

앙투안이 어깨를 으쓱했다.

"그냥 계단 쓰셔야 해요. 예술가의 건강을 위해 세운 정책이라고 생각하시죠."

그는 웃으며 캐리어를 끌고 계단을 올랐다.

계단 벽에는 누가 언제쯤 그렸는지 모를 낙서들이 솜뭉치처럼 흩어져 있었다.

방 문을 열자 낯선 냄새가 났다.

오래된 나무 바닥과, 약하게 잔향이 남아 있는 향초 냄새, 그리고 누군가 한동안 살지 않았던 방 특유의 공기.

작업용 책상, 의자, 작은 책장, 싱크대, 인덕션, 침대. 필요한 것들은 다 갖춰져 있었다.

"혹시 부족한 거 있으면 메일 주세요."

앙투안이 말했다.

"통역은 내일 오후에 문학관에서 뵙게 될 겁니다. 이름이 클레르예요. 아마… 작가님이 만나보시면 좋다고 느끼실 겁니다."

"왜 그렇게 생각합니까?"

"이유는 잘 모르겠는데,

그냥… 둘이 말이 잘 통할 것 같다는 느낌이 들어서요."

앙투안의 말은 가볍게 던진 장난처럼 들렸다.

그러나 그 가벼움이 묘하게 마음에 남았다.

문이 닫히고 나자, 방 안에는 그의 발소리만 남았다.

그는 가장 먼저 캐리어를 열었다.

옷도, 노트북도, 세면도구도 아닌 가장 위에 접어 넣어 둔 낡은 박스를 꺼냈다.

검은 테두리의 작은 액자. 사진을 꺼내 스탠드 옆에 세웠다.

눈밭에서 웃고 있는 아이. 국어책 삽화처럼 평범한 풍경인데, 그에게는 도무지 평범하게 볼 수 없는 장면이었다.

"여기가… 네가 없는 도시다."

그가 조용히 말했다.

그 말은 선언 같기도, 사과 같기도 했다.

그는 사진을 향해 아주 살짝 고개를 숙였다.

"그래도… 한 번 써보자. 여기까지 왔으니까."

침대 위에 잠시 몸을 눕혔다.

기내에서 거의 잠들지 못했음에도, 눈은 쉽게 감기지 않았다.

낯선 천장 모서리를 바라보다가, 그는 어느 순간,

전주천 둔덕 위에서 보던 불빛과

지금 창밖으로 들어오는 노란 가로등 불빛이 묘하게 겹쳐 보이는 걸 느꼈다.

잠은 그날 밤, 아주 늦게 찾아왔다.

다음 날 오후, 메종 드 라 포에지 입구에 도착했을 때

비는 거의 그쳐 있었다.

건물 앞 작은 광장에는 잎이 다 떨어진 가로수가 가지를 내리고 서 있었다.

간판 위에는 오래된 글씨로 'MAISON DE LA POÉSIE' 가 적혀 있었다.

문을 밀고 들어가자 아담한 로비와 계단, 벽을 따라 걸린 포스터들이 눈에 들어왔다.

그 중 하나, 상대적으로 작지만 눈에 띄는 포스터가 있었다.

–한국 작가 곽희용 초청 대담
번역되지 않은 마음–

자신의 이름 아래에 과한 듯한 부제가 붙어 있었다.

"마음에 안 드세요?"

등 뒤에서 누군가 한국어로 물었다.

그는 돌아섰다.

회색 코트를 걸치고, 목에는 크림색 니트 머플러를 두른 여자.

머리를 대충 묶었는데, 몇 가닥이 귀 옆으로 흘러내려 있었다.

눈동자는 밝은 회색에 가까웠다.

"이번 레지던시 통역 맡은 클레르입니다."

그녀가 가볍게 고개 숙였다.

"처음 뵙겠습니다, 곽희용 작가님."

한국어는 거의 흠잡을 데 없었다.

약간 오래된 서울말 억양에, 어쩔 땐 전라도 사람들이 억지로 표준어를 쓸 때 나는 미묘한 리듬이 섞였다.

"한국말… 상당히 오래 하셨나 봅니다."

그가 말했다.

"먹고사는 언어라서요."

클레르가 웃었다.

"서울에서 몇 년, 전주에서도 한동안 살았어요."

"전주요?"

그는 의외라는 듯 눈썹을 올렸다.

"네.

지금도 가끔 생각나요, 전주천."

그녀가 가볍게 덧붙였다.

"그래서 메일에서 '전주에 산다' 는 걸 보고… 괜히 반가웠습니다."

그 말은, 이 도시에서 누군가 자기 동네 이름을 먼저 꺼낸다는 사실만으로도 그에게 이상하게 큰 울림을 줬다.

클레르는 포스터를 가리켰다.

"저 문구… 작가님이 예전에 하신 말을 가져온 거예요.

'어떤 마음은 끝내 번역되지 않은 채 남는다.'

그 인터뷰 번역한 사람이 저라서요."

"제가 그런 말을 했던가요."

"네. 기자한테요. 그 문장, 아직도 기억합니다."

그녀의 말투는 담담했지만, 그 속에 묘한 애착이 묻어났다.

"마음에 안 드시면, 다음 포스터부터는 바꿀게요."

클레르가 살짝 웃었다.

"문학관 사람들은 원래 조금 과한 걸 좋아해서요."

"괜찮습니다."

그가 말했다.

"과한 건… 여기가 더 익숙하겠죠."

그는 가슴을 두 손가락으로 가리켰다.

클레르는 그 동작을 보고 살짝 눈을 가늘게 뜨며 웃었다.

"과한 마음은 번역하기 어렵거든요."

그녀가 말했다.

"그래서 재밌죠."

그는 처음으로, 이 도시에서 누군가의 말을 듣고 웃음을 터뜨렸다.

클레르는 시계를 한 번 보고 말했다.

"일단 안쪽부터 둘러보실래요?

오늘은 구조랑 일정만 간단히 설명 드리고, 본격적인 이야기는… 저녁에, 근처 카페에서 천천히 하죠."

그는 대답을 잠시 미뤘다.

낯선 도시, 낯선 건물, 낯선 사람.

그 안에서 저녁이라는 단어는 조금 더 위험한 시간처럼 느껴졌다.

그렇지만

“예, 좋습니다.”

라는 말이 먼저 입 밖으로 나왔다.

자기 입이 자기 마음보다 먼저 움직인 건 정말 오랜만이었다.

클레르는 고개를 끄덕였다.

“그럼 오늘은 작가님 계절을 이 건물에 등록하는 날이네요.”

“제가… 어떤 계절처럼 보입니까?”

그가 물었다.

클레르는 잠시 생각하더니 말했다.

“겉으로 보기엔 겨울인데요, 얇게 봄이 덧입혀진 겨울 같아요.”

그는 그 말을 듣고 알 수 없는 감정이 살짝 끓어올라오는 것을 느꼈다.

“그 비유는 통역에서 자주 쓰십니까?”

“아뇨.”

클레르가 웃었다.

“지금 막 만든 비유예요. 번역 전, 초벌 마음 같은 거죠.”

그녀는 한 발 앞서 걸었다.

그는 그 뒤를 따랐다.

메종 드 라 포에지의 복도는 조용했고, 오래됐고, 그리고 묘하게 따뜻했다.

그는 아직 몰랐다.

이 건물 안에서의 겨울이 자기 인생의 남은 문장들을 어디까지 바꿔 놓을지.

메종 드 라 포에지 내부는 겉보기보다 넓었다.

복도는 가늘고 길었고, 천장은 오래된 연극 무대처럼 높았다.

나무 바닥은 발걸음을 받을 때마다 미세하게 울렸다.

곳곳에 놓인 벤치와, 벽에 빼곡히 걸린 작은 행사 포스터들,

책장과 조명을 맡은 스탠드들까지–

모든 것이 조금 낡았으면서도 누군가 오래 지켜온 듯한 서늘한 정돈감이 있었다.

클레르는 복도 한가운데에서 손짓했다.

"이쪽이 번역팀 방이에요.

오늘은 사람 별로 없지만… 한 달 뒤에는 북적댈 걸요."

문틈으로 작은 사무실이 보였다.

책상 세 개, 컴퓨터 두 대,

구석에는 자잘한 문학지들이 수북이 쌓여 있었다.

그는 그 책들 중 몇 개의 표지가 한국에서 보던 것과 동일한 걸 보고 잠시 발걸음을 멈췄다.

"이건… 한국 문예지네요."

"네. 제가 종종 가져오죠.

저 같은 사람들한테는 고향 말 보는 게 이상하게 위로가 돼요."

클레르는 대수롭지 않게 말했다.

"전주 살 때도 그랬어요.

늘 미묘하게 서울 말하는 척하면서도, 전주천 물소리가 그립고 그랬죠."

그 말에는 장난도, 허세도 없었다.

전라도를 그리워하는 프랑스인의 입에서 '전주천' 이라는 단어가 나오자

희용은 알 수 없는 기시감 같은 것을 느꼈다.

자기가 잃어버린 것들 사이로 누군가 아주 조용히 들어와 앉아 있는 느낌.

클레르는 복도 끝 작은 문을 pointing하며 말했다.

"이 문 너머가 작은 극장이에요.

작가님 강연도 여기서 합니다."

그녀가 문을 살짝 열자 조명이 꺼진 200석 남짓의 작은 공연장이 나타났다.

빨간 벨벳 의자가 줄지어 있었고, 무대 위에는 오래된 목재 마루가 깔려 있었다.

"여기서…"

희용이 혼잣말하듯 중얼거렸다.

"제가 말을 하게 되겠네요."

“말을 하게 되죠.”

클레르는 웃었다.

“하지만 걱정 말아요.

제가 옆에서 다 통역할 거예요.”

그녀는 그렇게 말한 뒤, 문을 닫았다.

“그럼 오늘 일정은 이 정도예요.

작업실, 숙소 계약서 같은 건 내일 드리고… 지금은 늦은 오후니까,

차 한 잔 하면서 전체 일정 설명해 드릴까요?”

희용은 잠시 망설였다.

낯선 도시, 낯선 사람, 낯선 공간 속에서 누군가와 차 한 잔 한다는 건 그에게 예전보다 훨씬 큰 에너지를 요구했다.

하지만 그에게는 아무도 모르는 감각 하나가 있었다.

그 감각은 사람의 눈을 오래 보면 그 사람이 혼자 남을 때 어떤 표정을 지을지 어렴풋이 상상하게 되는 능력 같은 것이었다.

클레르의 얼굴에는 낯선 도시에서 혼자 오래 살았던 사람들의 그 미세한 표정이 있었다.

견디는 방법을 오래 고민한 얼굴.

“예.”

그는 고개를 끄덕였다.

“좋습니다.”

클레르가 앞서 걸었다.

희용은 그 뒤를 천천히 따라갔다.

카페는 문학관에서 보도 2분 거리였다.

'Le Matin Gris'.

회색 아침이라는 의미의 작은 카페였다.

정말로 파리의 겨울 아침 같은 이름이었다.

문을 밀자 따뜻한 공기와 구운 빵 냄새가 훅 들어왔다.

작은 노란 전구들이 천장에 박혀 있었고, 손때 묻은 나무 테이블 몇 개가 놓여 있었다.

"여기, 제가 좋아하는 곳이에요."

클레르가 말했다.

"시끄럽지 않고, 한국 사람들이 잘 안 와요. 그래서 번역할 때 자주 오죠."

그녀는 창가 쪽의 조용한 테이블로 걸어갔다.

희용이 자리에 앉자 클레르가 물었다.

"뭐 드실래요? 커피? 차?"

"블랙 커피면 됩니다."

"그럼 저는… 루이보스 차요."

클레르는 직원에게 프랑스어로 간단히 주문했다.

그녀의 프랑스어는 그가 상상했던 것보다 훨씬 부드럽고, 끝이 싹 감기는 발음이었다.

한국어를 오래한 사람의 단단함과 프랑스어의 물결 같은 리듬이 묘하게 섞여 있었다.

잠시 후, 커피와 루이보스 차가 테이블에 놓였다.

클레르는 먼저 컵을 손에 감싸듯 들었다.

"잠깐… 이 시간이 이상하게 좋네요."

그녀가 말했다.

"작가님을 번역했을 때, 문장 속에서만 보던 사람이 실제로 내 앞에 앉아 있으니까."

"번역은… 많이 하셨습니까?"

그가 물었다.

"생계형이죠."

클레르가 웃었다.

"먹고살려면, 번역이 제일 돈 되는 일이라.

근데 한국어 번역은 재밌어서 해요."

"프랑스인에게 한국어 번역이… 재밌다?"

"네. 재밌어요. 언어 사이에 생기는 틈을 보는 게 좋아요."

그녀는 차를 천천히 한 모금 마셨다.

"예를 들어…"

클레르가 손가락으로 테이블을 살짝 두드렸다.

" '그립다' 라는 단어 있죠? 그건 프랑스어로 깔끔하게 번역되지 않아요. 늘 설명을 붙여야 하거든요. '보고 싶다' 와 '사라진 것을 마음이 잡아당기는 느낌' 사이. 프랑스어는 그걸 한 단어로 못 묶어요."

희용은 조용히 컵을 내려놓고 그녀를 바라봤다.

"그래서 '번역되지 않은 마음' 이라는 표현이 작가님 말 중에 제일 좋았어요.한국어에만 있는 감정이라고 생각했거든요."

희용은 잠시 그녀의 얼굴을 바라보다 말했다.

"그런 틈이… 두 사람 사이에도 생긴다고 생각합니까?"

그 질문은 생각보다 더 깊은 곳에서 나온 말이었다.

그가 말하고 나서 본인도 놀랐다.

클레르는 대답하지 않았다. 대신 창밖을 잠시 바라봤다. 그의 시선을 피한 것이 아니라, 자기 마음을 정리하려는 사람의 눈이었다.

"네."

그녀가 잠시 뒤 말했다.

"생긴다고 생각해요.

언어가 같든 다르든, 사람 사이에는 늘 틈이 있어요."

그녀는 웃음도, 미소도 없이 덧붙였다.

"근데… 그 틈이 너무 넓고 선명한 사람들끼리는 괜찮아요.

문제가 없어요.

서로가 절대 가까워질 수 없다는 걸 둘 다 아니까."

그녀는 커피잔 아래 떨어진 빛을 바라보며 천천히 말했다.

"근데 문제는… 틈이 아주 조금밖에 없는 사람들 사이에서 생겨요. 이상하게 잘 통하고, 말이 쉽고, 눈빛이 자꾸 닿고… 그런데도 완전히 이해되진 않는 사람."

그녀는 컵에 입을 대며 아주 천천히 미소 지었다.

"그런 사이가… 번역하기 제일 어려워요."

그 말은 방금까지의 부드러움과는 전혀 다른 결이었다.

정확히 겨울 공기처럼 선명했다.

희용은 그녀가 말하는 '틈'이 단순히 언어 이야기만이 아니라는 걸 직감했다.

그는 커피잔을 들었지만 입은 대지 않았다.

입술에 닿기 직전에서 멈췄다.

"클레르 씨는…"

그가 천천히 말했다.

"사람하고 가까워지는 걸 어려워합니까?"

클레르는 순식간에 눈을 동그랗게 뜨더니 곧 웃음을 터뜨렸다.

"그건, 작가님이 분석하시는 건가요?

아니면 그냥 궁금해서 물으시는 건가요?"

"둘 다입니다."

클레르는 그 말에 조금 더 천천히 웃었다.

"네. 맞아요.

저, 사람하고 가까워지는 거… 좀 어려워해요."

그녀는 컵을 내려놓고 그의 눈을 보았다.

"작가님도 그렇죠?"

그는 대답하지 않았지만 그녀는 이미 아는 눈빛이었다.

잠시 침묵이 흘렀다. 그리고 그 침묵은 단순한 공백이 아니라 두 사람이 앉은 테이블 위에 아주 작은 틈을 조성

했다.

문장이 시작되기 전의 여백 같은 틈.

클레르는 시계를 확인하고 말했다.

"저,

오늘은 여기까지 할까요?

작가님 얼굴 보니까… 시차 아직 안 풀린 것 같아요."

"괜찮습니다."

그가 말했다.

하지만 정말로 괜찮았는지는 그도 자신이 없었다.

"작가님 숙소까지 걸어가면 10분 안 걸려요."

클레르가 코트를 들었다.

"제가 데려다 드릴까요?"

그는 잠시 고민했다. 그러다 고개를 저었다.

"혼자 걸어가도 됩니다."

"그럼…"

클레르가 살짝 미소 지었다.

"길 모르시면 문자 주세요.

제가 바로 알려드릴게요."

그녀는 카페 문을 먼저 열고 그에게 고개를 끄덕였다.

"오늘… 생각보다 좋은 시간이었어요."

그녀가 나가자 희용은 혼자 잠시 앉아 있었다.

그는 문득 이 도시의 첫날이 예상보다 훨씬 조용한 소음을 갖고 있음을 느꼈다.

그 소음은 어쩌면 두 사람 사이에서 아직 이름지어지

지 않은 어떤 감정의 초벌음일지도 몰랐다.

그는 코트를 챙겨 입고 카페를 나섰다.

파리의 골목은 비가 그친 뒤 특유의 냄새를 풍기고 있었다.

젖은 돌바닥과 오래된 건물 틈새에서 올라오는 냄새.

그 냄새 속을 걸으며 그는 처음으로 파리라는 도시가 단순히 배경이 아니라 자신의 문장을 바꿀 수 있는 장소일지도 모른다는 생각을 했다.

그리고 그 문장에는 누군가의 목소리가 이미 아주 천천히 배어들고 있다는 것도.

파리의 겨울은, 아침보다 오후가 더 조용했다.

하늘은 낮게 깔려 있었고, 빛은 거의 흘러내리듯 퍼졌다.

희용은 숙소에서 문학관까지 걷는 길을 조금씩 익혀갔다.

시장 앞의 빵집, 터키인이 운영하는 작은 채소 가게, 아침마다 문을 열기 전 담배를 피우는 서점 주인. 이 도시도 결국 사람의 반복된 동작으로 살아가는구나, 그는 그런 생각을 종종 했다.

문학관에 도착하자 클레르는 이미 번역팀 방 책상 앞에 앉아 키보드를 가볍게 두드리고 있었다.

"오셨어요?"

그녀가 고개를 들었다.

“기다리고 있었어요.”

“무슨 일이 있었습니까?”

“일은 아니고… 그냥요.”

클레르는 모니터를 잠시 끄고 의자를 돌렸다.

“오늘 번역은 작가님이 쓰신 산문 몇 편부터 시작하려고요.

문장 스타일을 익히려면 원문을 가까이 읽는 게 제일 좋거든요.”

“제 문장이 어렵습니까?”

“어렵다기보다… 사람이 잘 보이는 글이에요.”

클레르는 말끝을 조금 누르며 말했다.

“어떤 글은 문장이 먼저 보이고, 어떤 글은 사람이 먼저 보이는데… 작가님 글은 후자예요.

그래서 번역이 쉽지 않죠.”

희용은 잠시 멍하니 그녀의 얼굴을 바라봤다.

사람이 보이는 글. 그는 그 표현을 오래 기억하게 될 것 같았다.

“산문은…”

그가 말했다.

“조금 오래전 글들입니다.”

“알아요.”

클레르는 키보드를 만지작거리며 미소 지었다.

“지금의 작가님보다 조금 더 젊고, 조금 더 가벼운 글들.

그래서 재미있어요. 시간이 번역된 기분이라."

희용은 의자에 천천히 앉았다.

"그렇다면 시작하죠."

번역 작업은 예상보다 훨씬 조용했다.

둘 사이로 흐르는 소리는 키보드 소리, 페이지 넘기는 소리, 가끔 뜨거운 컵을 내려놓는 소리뿐이었다.

클레르는 연필로 문장 옆에 작은 체크 표시를 남겼다.

"여기… '허공을 쥐어짜는 느낌' 이라는 표현 있죠?"

그녀가 물었다.

"네."

"이건 그대로 번역하면 너무… 말 그대로가 돼서요.

프랑스어에서는 시적인 말이 어느 선을 넘으면 오히려 과장처럼 들릴 때가 있어요."

"그렇습니까."

"그래서 '손에 남은 공기의 무게를 의식했다'

정도로 옮기면 자연스러울 것 같아요."

그녀는 설명할 때마다 손가락을 아주 부드럽게 움직였다.

말과 손이 동시에 움직여 두 가지 언어를 섞는 듯한 제스처였다.

희용은 잠시 클레르의 손끝을 바라보다 말했다.

"저런 동작은… 번역할 때만 나오는 겁니까?"

클레르는 눈을 조금 동그랗게 뜨고는 웃었다.

"예. 습관이죠. 마음속에서 단어들이 서로 부딪힌다는 느낌이 들면 자꾸 손이 움직여요.

이건 한국어로 설명하기 어려운데…"

"번역되지 않는 동작인가요?"

"맞아요. 그런 느낌."

클레르는 웃으며 그의 말을 받았다.

"사람도 그렇잖아요. 설명되지 않는 행동들이 가끔 더 정확한 마음을 보여주는 순간들."

그 말은 장난처럼 들렸지만 둘 사이에 아주 가볍게 놓인 감정의 선이 조금 당겨지는 느낌이 들었다.

희용은 책상 위에 놓인 연필을 들어 자기도 모르게 손끝으로 굴렸다.

뭔가 말을 더할 수도 있었지만 그의 입은 침묵을 택했다.

그 침묵을 클레르는 불편해하지 않았다.

"점심… 같이 드실래요?"

클레르가 먼저 말을 꺼냈다.

"문학관 근처에 작은 식당이 있는데, 거기 음식 괜찮아요.

프랑스 음식 말고, 외국인들 몰래 파는 중국식 수제 볶음면 집이에요.

한국식 김치도 있어요."

"김치도요?"

"흉내 낸 맛이죠. 근데 외국에서 먹으면 괜찮아요."

그녀가 자리에서 일어서며 말했다.

"같이 가요. 번역 이야기 계속해요."

식당은 작았다.

간판도 흐릿했고, 실내 장식은 중국식인지 프랑스식인지 헷갈릴 정도로 뒤섞여 있었다.

주문은 클레르가 알아서 했다.

볶음면 두 개, 새콤한 샐러드 하나.

"여기… 오타쿠 동네라서요.

아시아 음식 좋아하는 사람들만 주로 와요."

클레르가 젓가락을 쥐며 말했다.

"작가님은 볶음면 좋아하세요?"

"별로 싫어하지는 않습니다."

"싫어하지 않는 건 좋아하는 것보다 안전한 말이죠."

클레르가 웃었다.

"작가님은 말 조심하는 스타일이네요."

"저는… 말이 너무 멀리 가는 게 싫습니다."

클레르는 그 말에 진지하게 고개를 끄덕였다.

"저도 그래요."

그녀가 조용히 말했다.

"특히 파리에서는 더."

젓가락 끝에서 김이 올라왔다.

햇빛이 아니라 형광등 빛이었지만 그 빛 속에서 김이 흐물거리는 모습은 묘하게 따뜻해 보였다.

식사를 하면서 둘은 어색함 없이 대화를 이어갔다.

번역 이야기, 문학관 사람들 이야기,

전주에서 살 때 그녀가 겪은 엉뚱한 일들.

희용은 자신도 모르게 웃음을 여러 번 터뜨렸다.

그런 자신이 낯설었다.

식사가 거의 끝나갈 즈음, 클레르가 젓가락을 내려놓으며 물었다.

“작가님은 여기까지 오는 데 무서운 점 없었어요?”

그는 질문의 방향을 바로 이해했다.

“있었습니다.”

“뭐가요?”

희용은 초록빛 그릇을 바라보다 천천히 입을 열었다.

“혼자 오래 남는 게… 익숙해질까 봐.”

클레르는 대답하지 않았다.

잠깐이었지만 그녀의 눈빛이 아주 미세하게 흔들렸다.

마침 종업원이 빈 그릇을 가져갔다.

그 소음 속에서 클레르의 목소리가 다시 들렸다.

“혼자 오래 남는 시간이 익숙해지면, 누굴 만나도 잘 안 흔들리죠.”

그녀가 말했다.

“근데 여기 온 뒤로 그게 조금 달라질 것 같아요.”

그녀는 말하고 나서 살짝 눈을 피했다.

그 말이 누구를 향한 것인지는, 순간에 따라 달라 보일 수 있었다.

희용은 아무 말도 하지 않았다.

그 침묵은 둘 사이에 생긴 작은 틈을 완전히 끊어버리지도, 완전히 메우지도 않는절묘한 여백이었다.

점심 후 문학관으로 돌아가는 길, 눈발이 조금 흩날렸다.

비도 아니고 눈도 아닌 중간쯤의 흰 점들이 허공에 떠다녔다.

"이거… 파리 겨울 첫눈이에요."

클레르가 하늘을 올려다보며 말했다.

"매년 이맘때쯤 내려요."

"눈 같지는 않은데요."

"맞아요. 이건 그냥… 기억을 건드리는 먼지 같아요."

그녀의 비유는 항상 갑작스럽고 부드러웠다.

"전주에서는… 눈이 많이 내리나요?"

클레르가 물었다.

"요즘은 그렇지 않습니다."

"그럼 작가님 아드–"

그녀는 말하다가, 입술을 굳혔다.

"죄송해요."

클레르는 바로 고개를 숙였다.

"인터뷰 자료에서 읽어서… 말하면 안 되는 걸 말한 것 같네요."

"괜찮습니다."

그는 담담하게 말했다.

그의 말은 침착했지만 발끝이 살짝 멈칫하는 것을 자신도 알고 있었다.

잠시 걷던 둘 사이에 하늘에서 흰 점이 하나 떨어져 클레르의 코트 위에 내려앉았다.

그녀는 그 점을 내려다보다 아주 조용히 말했다.

"…사실은요, 제가 번역하면서 가장 힘들었던 문장이 그거였어요."

"어떤 문장요?"

클레르는 그를 바라보았다.

"'그 날 이후 나는, 내가 아닌 채로 시간을 통과해 왔다.' 그 문장."

그 문장은 그가 아들을 잃은 뒤 쓴 산문집에 실린 문장이었다.

희용은 그 문장을 쓸 때의 감각을 떠올렸다. 그날의 공기, 책상 위의 종이, 자기 손의 떨림까지.

"그걸… 번역하기 어렵던가요."

"네."

클레르는 천천히 고개를 끄덕였다.

"번역어를 찾는 게 아니었어요.

그 마음을… 제가 이해하지 못해서."

그녀는 목소리를 아주 낮추었다.

"그래서… 그 문장을 번역하는 데 일주일이 걸렸어요."

그 말은 희용의 가슴 안쪽을 아주 천천히 긁었다.

그는 말했다.

"그 문장은 지금도 번역이 완성된 건 아닙니다."

클레르는 그 말의 무게를 듣고 입술을 다물었다.

둘 사이에 또다시 생긴 침묵은 추위보다 더 차가웠지만 그 차가움이 이상하게 둘을 더 가깝게 만드는 듯했다.

길 끝에서 문학관의 간판이 보였다.

클레르는 건물 앞에서 멈춰 섰다.

"작가님."

"예."

"오늘… 이야기 많이 했네요."

그녀는 조금 머뭇거리다가 덧붙였다.

"저… 원래 이렇게 말 많은 사람 아니에요."

희용은 조용히 말했다.

"오늘 같은 날에는 말이 많아질 수 있습니다."

"왜요?"

"눈이 오잖습니까."

그가 말했다.

"겨울이 사람을 조금 흔들어 놓죠."

클레르는 그 말에 갑자기 웃음을 터뜨렸다.

"작가님은요– 생각보다 훨씬 따뜻한 분이네요."

그 말은 장난처럼 들렸지만 그 속에는 오랜 고독을 지나 온 사람만이 갖는 아주 얇고 조심스러운 진심이 있었다.

희용은 웃지 않았지만 눈빛이 아주 조금 부드러워졌다.

문학관 문이 열리고 둘은 다시 각자의 자리로 걸어 들어갔다.

하지만 그날 오후의 번역 작업은 이상하게 자꾸 쉬어갔다.

둘 모두 문장보다 머릿속 생각이 더 많았기 때문이었다.

그 생각들이 무엇을 향해 가고 있는지는 아직 아무도 말하지 않았지만, 그 흐름은 이미

천천히, 그러나 확실하게 같은 방향으로 움직이고 있었다.

파리의 새벽은 낮보다 어둡고, 밤보다 가벼웠다.

안개가 골목 위에 얇게 깔려 있었고, 복도 창문 사이로 들어오는 바람이 언제나 조금은 젖어 있었다.

희용은 문학관에 조금 일찍 도착했다.

사람도 없고 소리도 없는 시간이었다.

그는 공연장 문을 밀고 들어갔다.

어둡고, 고요하고, 앉아 있으면 마음이 가라앉는 공간.

그는 빈 객석을 천천히 걸어 맨 뒷줄에 앉았다.

겨울 공기 속에서 자신의 숨소리가 아주 크게 들렸다.

그는 무대 위를 바라보며 생각했다.

–여기서 내가 무슨 말을 할 수 있을까.
–사람들은 어떤 얼굴로 나를 바라볼까.
–나는, 아직도 '작가' 라는 이름으로 사람 앞에 설 수 있는가.

그는 오래도록 움직이지 않았다.

그리고 그때, 객석 쪽 문이 조심스레 열렸다.

"여기 계실 줄 알았어요."

클레르였다.

목도리도 풀지 않은 모습으로, 조용히 걸어 들어왔다.

"왜 이렇게 일찍…"

그녀는 말하다가 그의 얼굴을 보고 멈췄다.

"혹시… 불안해서 오셨어요?"

"불안까지는 아닙니다."

그는 담담하게 말했다.

"다만… 사람 앞에 서는 게 예전보다 조금 어렵습니다."

클레르는 객석 계단을 조심스럽게 타고 올라왔다.

그는 굳이 자리를 비키지 않았다.

그녀는 그의 옆자리에 자연스럽게 앉았다.

"예전보다… 라는 건 아드님 이후라는 뜻이죠?"

그녀의 말은 조심스럽지만 피하지 않은 직진이었다.

희용은 잠시 고개를 숙였다.

"네."

그는 짧게 답했다.

"제가 너무 직접적으로 말했나요?"

클레르가 물었다.

"번역가이다 보니… 자꾸 핵심을 먼저 말하려는 버릇이 있어요."

"괜찮습니다."

그는 숨을 내쉬었다.

"사람이 핵심에서 도망쳐 살 수는 없지요."

클레르는 그의 옆모습을 바라보다가 말했다.

"그 문장… 지금 막 떠오른 건가요?"

"예."

"그럼 적어두세요."

클레르가 가볍게 웃었다.

"작가님이 방금 한 말… 좋은 문장이에요."

그녀는 가방에서 작은 공책 하나를 꺼내 그의 손에 쥐여 주었다.

"제 메모장인데요. 오늘은 작가님이 쓰세요."

희용은 잠시 공책을 내려다봤다. 작고 얇고, 손때가 묻어 있는 종이였다.

"이걸… 왜 나에게?"

"작가님 문장을 오늘은 제가 번역 말고… 그냥 옆에서 지켜보고 싶어서요."

그녀는 천천히 덧붙였다.

"번역되지 않은 마음을 가장 먼저 듣는 사람으로."

희용은 공책을 열었다.

무언가를 쓰려 했지만 문장이 아니라 아들의 웃는 얼굴이 먼저 떠올랐다.

그는 서서히 눈을 감았다.

그녀는 그의 손등을 아주 가볍게 스쳤다.

잡은 건 아니고, 그저 종이를 정리해 주는 척한 정도의 스침.

그러나 그 스침 하나로 둘 사이의 거리는 확연히 좁혀졌다.

그날 오후, 클레르는 식당 대신 산책을 제안했다.

"센 강 보셨어요?"

그녀가 물었다.

"멀리서만."

"그럼 제대로 보여드릴게요.

여긴 말이 잘 되는 강이거든요."

그녀의 말은 이해할 수 없는 듯하지만 희용은 이상하게 쉽게 고개가 끄덕여졌다.

강가에 도착하자 바람은 차가웠고 겨울 냄새가 짙었다.

어딘가 먼 곳에서 희미하게 아코디언 소리가 들려왔다.

클레르는 다리 아래 난 돌길을 걷다가 갑자기 멈춰 섰다.

"여기예요.
제가 번역 막힐 때 많이 앉아 있던 자리."

강물은 회색빛이었고 흐르는 속도는 느렸다.

멀리서 관광 보트가 천천히 지나갔다.

둘은 난간에 나란히 서 있었다.

"작가님."

클레르가 말했다.

"제가 하나 물어봐도 돼요?"

"예."

"당신은 왜 글을 계속 쓰나요?"

그는 쉽게 대답하지 않았다.

겨울 강과 같은 길고 조용한 침묵이 흘렀다.

그러다 그는 말했다.

"어떤 날은 쓰지 않으면 제가 아닌 것 같아서요."

클레르는 아주 천천히 고개를 끄덕였다.

"그럼… 아드님 이후에는요?"

그 질문은 칼날처럼 날카롭지 않았지만 엉겁결에 심장 가까운 곳을 스쳤다.

그는 손을 난간에 올려놓고, 파리의 겨울 공기를 천천히 마셨다.

"그날 이후에는…"

그가 말했다.

"글을 쓰지 않으면 제가 사라질 것 같았습니다."

클레르는 그 말을 듣고 난간에서 손을 내렸다.

그리고 두 손을 코트 주머니에 넣은 채 작은 목소리로 말했다.

"그럼… 지금 쓰는 글은 당신을 붙잡아주는 글이네요."

그녀는 이어 아주 조용히 덧붙였다.

"…그걸 읽는 사람이 있다는 건 참 좋은 일이에요."

희용은 그 말을 들으며 가슴 깊은 곳에서 아주 느린 온도가 올라오는 것을 느꼈다.

그는 그녀를 바라봤다.

언어가 닿기 전에 마음이 먼저 움직이는 순간이었다.

두 사람 사이의 공기는 낮은 온도로 가라앉아 있었지만 그 속엔 따뜻함이 스며 있었다.

손을 잡지도 않았고 어떤 감정을 고백한 것도 아니었지만, 둘 사이에는 이미 조심스러운 결이 생기고 있었다.

센 강을 따라 걸으며 대화는 끊기고 이어지기를 반복했다.

말이 없을 때도 그 침묵은 어색하지 않았다.

오히려 서로를 천천히 이해하는 데 필요한 시간 같았다.

그들은 어느 작은 다리가 보이는 곳에 멈췄다.

클레르는 난간에 팔꿈치를 대며 말했다.

"작가님."

"예."

"누군가와 가까워지는 건 저에겐… 항상 어려운 일이에요."

그녀는 바람에 머리카락이 날리는 것도 신경 쓰지 않고 말을 이었다.

"언어도, 나라들도 옮겨 다녔고 사람들도 많이 만났지만… 가까워지면 둘 중 하나예요.

어느 날 갑자기 사라지거나, 어느 날 아무렇지 않게 멀어지거나."

그녀의 목소리는 떨리지 않았지만 희용은 그 진심의 깊이를 바로 알아차렸다.

"그래서…"

그녀가 이어 말했다.

"누군가를 좋아하게 되는 순간이 나는 제일 무서워요."

희용은 숨을 들이켰다.

그 말은 그에게 한 말이기도, 누구에게도 한 적 없는 고백 같기도 했다.

그는 조심스럽게 물었다.

"지금… 무섭습니까?"

클레르는 그를 바라보았다.

은빛 눈동자에 센 강의 빛이 비쳤다.

"네."

그녀가 말했다.

"지금… 조금."

그 말은 사랑이라는 단어보다 훨씬 뜨겁고, 고백보다 훨씬 조심스러우며, 이별보다 훨씬 아픈 진실이었다.

희용은 그 말에 바로 어떤 감정도 약속하지 않았다.

대신 천천히 말했다.

"괜찮습니다."

"뭐가요…?"

"무서운 건… 가까워지고 있다는 뜻이니까요."

클레르는 숨을 내쉬었다.

눈가에 아주 작은 떨림이 있었다.

그 떨림은 금세 사라졌지만 그 순간만큼은 둘 사이 거리가 거의 사라져 있었다.

바람이 불어 둘의 코트 자락이 살짝 스쳤다.

그 스침은 어떤 말보다 먼저 두 사람의 마음을 닿게 했다.

해가 저물 무렵, 클레르는 갑자기 말했다.

"우리… 여기 하나만 더 가봐도 돼요?"

"어디 말입니까?"

"제가 파리에 처음 왔을 때 혼자 자주 갔던 곳."

그녀는 그를 좁은 골목길로 이끌었다.

오래된 서점, 음악이 흐르는 작은 바, 벽에 빼곡히 적힌 낙서들, 그리고 조용한 계단.

계단 꼭대기에는 작은 테라스가 있었다.

의외로 아무도 없었다.

파리의 지붕들이 끝없이 이어져 있었고 하늘은 이미 붉게 물든 뒤 푸른색으로 넘어가는 중이었다.

클레르는 말했다.

“여기… 제가 제일 좋아하는 곳이에요.”

“왜죠?”

“당신의 이야기가 어디까지 갈 수 있을지 한 번쯤 상상해볼 수 있는 곳이어서요.”

그녀는 난간에 손을 올리며 말했다.

“작가님.

오늘은… 제가 하나 묻고 싶은 게 있어요.”

“예.” “제가… 당신 이야기를 번역하고 있는 걸까요? 아니면…”

그녀는 잠시 그를 바라보다가

조용히 말했다.

“…당신을 번역하고 있는 걸까요?”

그 말은 장난도 아니고, 감정의 고백도 아니고, 그 사이에 있는 무엇이었다.

묘하게 진실되고, 묘하게 위험했다.

희용은 잠시 그녀의 눈을 바라봤다.

말 대신 아주 천천히 고개를 끄덕였다.

“둘 다겠지요.”

그는 말했다.

“사람과 사람 사이는… 원래 두 가지가 동시에 번역되는 자리니까.”

둘은 말을 이어가지 않았다.

그대신 파리의 겨울 하늘이 천천히 어두워지는 것을 함께 바라봤다.

말이 없어도 충분한 시간이 있었다.

그러나 모든 깊음의 순간에는 늘 보이지 않는 균열이 함께 존재했다.

숙소로 돌아가는 길,

희용은 갑자기 발걸음을 멈췄다.

클레르가 돌아서서 물었다.

"왜요?"

그는 숨을 고르고 말했다.

"클레르 씨."

"네."

"우리가… 이렇게 가까워져도 되는 겁니까?"

그녀의 눈동자가 아주 미세하게 흔들렸다.

그러나 곧 기대와 두려움이 동시에 스친 표정으로 바뀌었다.

"글쎄요."

그녀가 말했다.

"가까워지는 게 옳은지도 모르겠고 멀어지는 게 옳은지도 모르겠어요."

그녀는 잠시 고개를 들고 파리의 어두운 하늘을 바라보았다.

"다만 하나 아는 건, 당신과 이야기할 때면 제가… 조금 살아나는 느낌이 들어요."

그녀는 고개를 다시 숙였다.

"근데 그게 좋은 일인지, 나쁜 일인지는 아직 잘 모르겠어요."

그 말은 희용에게 깊게 박혔다. 지워지지 않는 문장처럼.

바람이 불어 둘의 코트 자락이 다시 스쳤다.

이번엔 조금 더 오래 닿았다.

그리고 그따위 작은 스침 하나에도 둘은 쉽게 흔들릴 만큼 이미 가까워져 있었다.

파리의 겨울이 가장 깊어지는 시기는 생각보다 조용했다.

눈은 거의 오지 않았고, 해는 오후 네 시면 이미 푸르게 가라앉았다.

도시는 밝지도 어둡지도 않은 상태로 마치 오래된 책장처럼 하루를 접었다.

그리고 그 겨울의 가장 고요한 날, 문학관에서의 대담 행사가 있었다.

공연장은 거의 가득 찼다.

한국인 유학생들, 프랑스 독자들, 문학관 관계자들, 번역 학생들까지.

무대 옆에는 통역을 맡은 클레르가 서 있었다.

손에 마이크를 들고, 긴장감이 섞인 미묘한 표정을 하고 있었다.

행사는 무난하게 흘러갔다.

질문은 예측 가능했고, 희용은 준비한 답을 조용한 어조로 말했다.

클레르는 그 말을 프랑스어로 번역했다.

군더더기 없는 문장. 하지만 번역하는 사람만 알 수 있는 아주 작은 떨림이 목소리 끝에 있었다.

마지막 질문은 한 관객이 손을 들어 건넸다.

"당신은 왜 한국을 떠나 파리에 와서 글을 쓰는 것을 선택했나요?"

그 질문은 단순했지만, 마치 마음의 중심을 건드렸다.

희용은 잠시 마이크를 내려놓았다.

관객석의 온도, 무대 조명, 창백한 공기가 한꺼번에 느껴졌다.

그리고 그는 천천히 말했다.

"저는… 한 번 잃어버린 사람입니다."

관객석이 미세하게 흔들렸다.

"아들을 잃고, 가정을 잃고, 제가 어떤 사람인지도 잃었습니다.

그 뒤로 오랜 시간 동안 그저 살아내는 데에만 몰두했습니다."

그는 무대 아래 어딘가를 바라보았다.

마치 그곳에 시간이 잠시 머물러 있는 듯한 표정으로.

"파리는… 도망친 곳이 아니라 잠시 숨을 고르러 온 곳입니다.

제가 남아 있는 걸 확인하려고."

그는 시선을 들어 클레르를 작은 미소로 바라봤다.

"그리고… 이곳에서 만난 사람들이 저를 조금씩 다시 번역해 주었습니다."

클레르는 그 말을 듣자 프랑스어로 번역하는 동안 아주 잠깐 숨을 멈추었다.

그는 알고 있었다.

그 문장은 그녀에게 향하고 있었다.

청중들은 모르겠지만 그녀는 안다. 그녀만 안다.

행사는 조용한 박수 속에 마무리되었다.

대담이 끝난 후 문학관 안은 가벼운 술렁임으로 가득했다.

사람들이 인사를 하고, 사인을 받고, 사진을 함께 찍어 달라고 요청했다.

그 사이에 클레르는 말없이 무대 장비를 정리하고 있었다.

마치 방금 끝난 시간이 조금 부담스러운 듯한 표정이었다.

희용은 천천히 그녀에게 다가갔다.

"수고하셨습니다."

그 말에 클레르는 잠시 눈을 들지 못했다.

그러다 아주 작은 미소로 말했다.

"감사합니다."

그의 말이 무대 위에서만이 아니라 둘 사이에도 남아 있는 걸 그녀는 알고 있었다.

"오늘 저녁,

잠깐 산책하시겠어요?"

희용이 물었다.

클레르는 hesitation 없이 고개를 끄덕였다.

"예.

좋아요."

둘은 문학관 건물 뒤쪽, 좁고 조용한 골목으로 걸어 나왔다.

드문 가로등 아래에 비슷한 속도로 걷는 두 사람의 그림자가 길게 늘어졌다.

센 강까지는 걸어서 십오 분. 그동안 둘은 거의 말을 하지 않았다.

말이 필요 없을 만큼 서로의 생각이 조용히 흐르고 있었고, 같은 방향을 바라보고 있었다.

강가에 도착했을 때 물결 위로 가느다란 바람이 스쳤다.

가로등의 불빛들이 강물 위에서 부서졌다.

클레르는 난간에 팔을 올렸다.

"…오늘 무대에서 하신 말, 그거 일부러 하신 거죠?"

"예."

희용이 고개를 끄덕였다.

"당신에게 한 말이기도 했으니까요."

클레르는 대답 대신 천천히 숨을 들이켰다.

"사람이 사람을 번역하는 건… 절대 쉬운 일이 아니에요."

그녀가 말했다.

"어떤 마음은 공식처럼 옮겨지지도 않고, 설명할 수도 없고… 그냥 흘러나오듯 전해지는 거니까."

희용은 그녀를 가만히 바라봤다.

센 강 바람이 그녀의 머리카락을 흔들었고 빛이 머리카락에 걸려 희미하게 반짝였다.

"클레르 씨."

그가 조용히 말했다.

그녀는 그의 목소리에 반응하듯 천천히 고개를 돌렸다.

"제가… 당신에게 다가가고 있는 겁니까?"

그 질문은 사랑이라는 단어를 쓰지 않고 그보다 더 깊은 것을 말하는 문장이었다.

클레르는 눈을 가만히 내리깔았다.

그리고 솔직하게 말했다.

"네.

당신이 다가오고 있어요."

바람이 두 사람 사이를 지나갔다.

"근데… 저도 다가가고 있죠."

클레르가 덧붙였다.

잠시 침묵. 둘의 거리에는 겨울 공기와 숨이 아주 얇게 얹혀 있었다.

그리고 그녀가 말했다.

"하지만… 우리가 가까워질수록 이별도 같이 다가오고 있어요."

희용은 눈을 깜박였다.

"왜 그렇습니까?"

"당신은 여기 잠시 머물 뿐이고, 나는 여기서 살아야 하니까요."

그 말은 정직했다. 그리고 잔인하지 않았다.

둘 다 알고 있던 사실을 조용한 목소리로 확인한 것뿐이었다.

"그럼에도…"

희용이 말했다.

"가까워지는 건 잘못일까요?"

클레르는 고개를 저었다.

"나쁜 건 아니에요. 다만… 이해하지 못한 채 더 깊어지면 서로에게 상처가 남는다는 걸 이제는 알아요."

희용은 그녀의 얼굴을 조용히 바라보았다.

"저는… 당신에게 상처가 되고 싶지 않습니다."

클레르는 미소인지 슬픔인지 모를 표정을 지었다.

"그래서… 이 정도 거리가 우리한테는 가장 아름다운 거리일지도 몰라요."

둘 사이에는 손 닿을 듯 말 듯한 거리. 하지만 끝내 닿아서는 안 되는 거리.

그녀는 난간에서 손을 떼며 말했다.

"작가님, 우린 이미 서로를 번역했어요. 그것만으로도 충분해요."

그 말은 사랑의 시작 같기도 했고 이별의 선언 같기도 했다.

둘은 다시 걸었다.

아무 말도 하지 않았다.

겨울의 강은 조용했고 파리는 생각보다 따뜻했다.

그날 밤이 둘의 마지막 밤이라는 건 둘 다 알고 있었다.

말하지 않아도 알 수 있었다.

귀국 전날,

클레르는 조그만 봉투 하나를 내밀었다.

"이건 제 번역 노트예요. 당신 글을 번역하며 적어둔 메모들. 아주 개인적인 거라 원래는 절대 안 보여줘요."

희용은 조심스럽게 받았다.

"왜… 나에게?"

클레르는 대답 대신 짧게 웃었다.

"당신이 가고 나면 제가 당신 문장을 번역할 이유가 더는 없을 테니까요."

그 말은 오래오래 들리는 울림이 있었다.

둘은 다시 말없이 서 있었다.

침묵이 흐르고 둘 중 아무도 먼저 움직이지 않았다.

마침내 클레르가 손을 내밀었다. 악수의 손이었다. 그러나 손끝의 힘이 유난히 따뜻했다.

희용도 손을 내밀었다.

잠시, 아주 잠시 서로의 손이 온도를 나눴다.

그녀가 말했다.

"건강하세요, 작가님."

그는 고개를 숙였다.

"당신도요."

그게 마지막이었다. 둘은 돌아서 걸었다. 한 번도 뒤돌아보지 않았다.

한국에 돌아온 후,

전주천의 바람은 파리의 그것보다 훨씬 차가웠다. 그러나 이상하게 그 차가움이 익숙했다.

희용은 코인세탁소에서 빨래가 도는 소리를 들으며 클레르의 번역 노트를 펼쳐보았다.

작은 글씨로 빼곡한 메모들. 어떤 페이지에는 그가 쓴

문장 옆에 이렇게 적혀 있었다.

–이 문장은 마음으로 번역한다.

다른 페이지에는

–작가님은 겨울 같지만 봄이 얇게 깔려 있다.

그리고 마지막 페이지. 그녀는 이렇게 적어 두었다.

–당신의 마음은 끝내 번역되지 않는다. 그래서 더 오래 남는다.

그는 노트를 천천히 덮었다.

전주천 바람이 창문 틈으로 들어왔다. 조금 차가웠다. 하지만 견딜 만한 차가움이었다.

그는 책상 앞에 앉았다. 노트를 옆에 두고 새 문장을 쓰기 시작했다.

오랜 시간 동안 그는 쓰지 못했던 문장을 다시 쓰기 시작했다.

그리고 깨달았다.

사람의 마음은 번역될 수 없어서 슬픈 것이 아니라, 번역되지 않은 채 남아 있기 때문에 오래도록 울리는 것이라고.

그 울림이 그를 다시 쓰게 했다. 다시 살아 있게 했다.

그는 천천히, 아주 천천히 새 문장을 이어갔다.

곽보경 소설가

서울대학교 정치학과 졸업
사단법인 사회노동문제 연구소 선임 연구원
국회의원 보좌관
청와대 행정관
계간지 창작과 작품 문학비평부분 신인 문학상
계간지 문학고을 소설부분 신인 문학상
〈우리는 다른 속도로 걷는다.〉 〈소리없는 종소리〉 〈시간의 무게〉등 저서가 있다.
그리고 일간지 등에서 문학비평 컬럼을 쓰기도 했다.

배내기

서종식

밤이 깊었고 풀벌레들마저 울음을 멈췄다. 대청마루 끝에서 사내의 흐느낌이 들려왔다.

“어흑! 으어헝”

그 울음소리가 작은 생명체들에게조차 와닿기라도 하는지, 사방이 적막했다.

대청마루를 사이에 두고 있는 윗방과 사랑방은 물론 안방에 누운 식구들 모두는 애절한 울음소리에 맞추듯이 뒤척이고 있었다.

“엄마! 저 아저씨 언제 가?”

잠시 멈췄던 사내의 울음이 앙다문 이빨 사이로 다시 새어 나오자, 다섯 살배기 딸이 엄마 품을 파고들며 물었다. 엄마는 이불을 뒤집어써서 캄캄한 어둠 속에서 아무것도 보이지 않았지만 아이 얼굴을 향했다. 아이는 ‘아저씨가 왜 울어?’ 가 아니라 언제 가느냐고 묻고 있었다. 왜 우는지에 대한 궁금함보다 비록 안방과 윗방에 식구들이 모두 이불 속에 누워있지만, 단 한 사람도 잠들지 못하고 있음을 아이도 잘 느끼고 있는 까닭이었을 것이다. 사랑방의 숙이도 그의 울음에 안쓰러운 마음이 들어 눈물이 났다.

"어서 자! 자고 나면 아저씨도 집에 가고 없을 테니."

"엄마 나 오줌 마려운 거 같은데, 밖에 나가면 안 되지?"

잠자코 누워있던 아이가 다시 말했다.

"엄마가 같이 나갔다 와줄까?"

"아니 싫어! 나 그냥 참고 잘래."

안방에서 가족들의 속살거리는 작은 대화였지만, 윗방에 누워있는 성억의 귀에는 하나도 빠짐없이 들리고 있었다. 이뿐만 아니라 대청마루 끝에 앉아서 울고 있는 사내의 아주 작은 몸짓 하나마저 눈앞에 있는 듯이 느껴지고 있었다. 갈피를 잡지 못하고 있는 머릿속을 온갖 생각들이 꼬리를 물고 맴돌고 있었다.

'소 한 마리 값이 얼만데. 그걸 죽여 놨으니 내가 딱 부러지게 내어 줄 답이 없는 게 환장할 노릇이여!'

수많은 생각들은 밖에서 울부짖고 있는 사내의 존재마저도 헛것인 양 느껴지도록 만들었다. 그는 방바닥을 더듬어 담배를 찾다가 그만두었다. 딱 한 대 피우고 싶기도 했지만, 한편으로는 담배 맛조차 싫어지기도 해서였다. 하루 온종일 밭에서 일하느라 몸이 물에 젖은 솜 같았지만, 잠을 이룰 수도 청할 수도 없었다.

얼마나 시간이 흘렀을까, 창호지가 밝아진 느낌에 눈

을 뜬 성억은 푸석한 얼굴로 부리나케 방문을 열어 보았다. 사내는 보이지 않았다. 그가 조심스럽게 마당으로 내려설 즈음 아내도 안방 문을 빼꼼히 열더니 남편을 바라보았다.

"어여 나와, 해가 중천이여!"

아내에게 하는 말치고는 집안사람 모두가 들을 수 있을 만큼 커다란 소리로 그가 말했다. 그제야 집안 방문들이 한꺼번에 열렸다. 밤새 큰일은 벌어지지 않은 것이기에 아버지의 목소리가 저렇게 클 것이었다. 사람들이 움직이자 소며 돼지며 개와 다른 가축들까지 비로소 웅성대는 것처럼 보였다.

"어쩔 거유!"

아침 밥상맡에서 성억은 궁금증에 묻는 아내의 시선을 슬그머니 피한 채 젓가락만 분주하게 움직이고 있었다.

'나도 어쩌는 것이 좋은지 하나도 모르것는디 뭘 묻는겨!'

그는 살면서 이렇게 답답한 일은 다시는 겪고 싶지 않은 심정이었다.

한길남은 이마에 땀이 배도록 걷고 있었다. 느지막한 가을의 새벽 공기는 땀이 밸 날씨는 분명히 아니다. 하지만 그는 목 근처의 단추마저 풀고 씩씩대며 걷고 있었다. 그의 보폭은 두 뼘을 넘지 못했다. 무릎 근처부터 끼워진 장화에서는 찌걱찌걱 소리와 함께 풀썩풀썩 땀 냄새도 올라오고 있었다. 골반에서 밑으로 두 뼘이 채 안 되는 그의 다리. 그의 양쪽 다리는 무릎 아랫부분이 없다. 그런 몸으로 그는 일주일에 두세 번씩 말목재 고개를 넘어다닌다.

오늘은 기분이 상쾌하다. 어제 판 땔감의 값이 좋았기도 했지만, 기분에 취해 주막집 여주인과의 방사가 흐뭇한 나머지 한결 우쭐한 마음이었다.

고개 정상에 이른 그는 '휘유~' 하고 숨을 돌리며 동이 터오는 하늘을 올려다보았다. 다시 걸음을 재촉하려던 그는 가파른 왼쪽의 비탈을 올려다보았다. 고개를 지날 때마다 '그놈 참 잘생겼다.' 하면서 바라보던 소나무가 오늘은 느낌이 이상했다. 다시 눈을 가느스름하게 뜨고 살피던 그는 뒤로 엉덩방아를 찧고 말았다.

"저게 뭐여! 사람이 매달려 있는 거 아녀!"

더 이상 생각이고 뭐고 필요 없었다. 어떻게 비탈을 올랐는지 기억도 없다. 그렇게 소나무 밑에 도착했지만 짧은 몸으로는 소나무 가지를 잡아챌 엄두도 낼 수 없었다. 황급히 주변들 둘러보던 그의 눈에 기다란 삭정이가 보였다.

"어이구, 어이쿠!"

비명까지 내지르며 삭정이 가지로 허공을 휘젓기를 여러 차례, 엉겁결에 소나무의 가지 끝을 손으로 붙잡을 수 있었다. 가지에 매달린 사람의 몸무게로 인해 가지의 끝부분이 늘어져 있던 덕이었다. 그는 두 눈을 부릅뜨고 이를 앙다물고 있는 힘을 다해 나뭇가지를 아래로 잡아챘다. 다리를 잃은 그의 몸은 팔의 힘이 무척 강해져 있었다. 어른 팔뚝만 한 소나무 가지는 우지직하고 찢어지며 땅바닥에 닿았다. 그와 함께 가지에 매달려 있던 사람의 몸뚱이도 주룩 땅으로 미끄러져 떨어졌다. 그는 사람의 호흡을 살폈다. 숨도 쉬지 않고 맥박도 없었다. 다만 체온은 아직 남아 있었다.

"오래된 건 아녀. 살릴 수 있을 거여."

실제로 해본 적은 처음이지만 그는 군대에 있을 때 배웠던 심폐소생술을 시행했다. 그가 까무러치기 직전에 이를 즈음, 드디어 호흡이 돌아왔다.

그제야 정신을 차리고 사람의 얼굴을 살피던 그는 다시 놀랐다.

"아니 덕골 사는 부여잖여"

아직 한창 나이의 총각이 무슨 사연이 있어서 이 신새벽에 목을 매달았을까. 그는 젊은이의 팔과 다리를 정성을 다해 주물렀다.

"저 이제 괜찮아요!"

한참이 지나자 전부여의 말소리가 들렸다.

"어쪄, 내가 누군지 알것어?"

"이방 골 '웃도리' 아저씨 아녀요!"

전부여의 말을 들은 한길남이 크게 웃었다.

"그려 이눔아, 남들이 수군대며 말하는 '웃도리' 다. 살아나서 다행이다!"

"죄송해요!"

전부여는 어제부터 있었던 일들이 떠올랐다. 전 재산이고 모든 희망이던 소가 비탈 기슭에 네 다리를 하늘을 향한 채, 배를 가을 지붕에 달린 박처럼 허옇고 둥그렇게 드러내고 죽어 있었다. 가을걷이에 바쁜 그가 동생에게 소에게 풀을 뜯기라며 맡겨 두었는데, 동생이 친구들과 놀 욕심으로 비탈에 매어둔 소가 미끄러지며 줄에 목이 졸려 죽은 것이다.

"세상에 이 일을 어쩔 거나!"

늙은 어머니의 망연한 부르짖음이나 덩달아 울어대는 동생의 모습에도 그는 아무 감흥조차 일지 않았다. 밑이 찢어질 정도로 가난한 삶. 소 한 마리를 장만할 엄두도 내지 못하던 그에게, 성씨 아저씨는 배내기를 권했다. 그의 성실함을 눈여겨봤던 성억이 지난날에 자신이 얻었던 기회를 다시 젊은이에게 베풀고자 한 것이다,

"한 일 년 남짓만 고생하믄 송아지가 한 마리 생기는 거여."

성억의 말에 전부여는 숨이 가쁠 만큼이나 행복한 상상으로 볼이 발그레하게 물들었다.

기회를 준 고마운 분의 소를 죽게 만들고 나서, 밤중에 아저씨의 집에 찾아간 것은 아저씨에게서 어떤 말이든 들을 거라는 기대를 한 것도 아니다. 그냥 답답하고 황망해서 그 집 마루에 앉았고, 그러다 보니 깊은 가을밤의 풀벌레 소리에 서러워져 꺼이꺼이 울었었다.

'소가 한 마리여. 그렇게 아무 말도 쉽게 허질 못하시는 겨, 아무렴!'

울다 껌뻑 잠이 들었었나 보다. 벌써 동이 트고 있었다. 아침부터 그 집식구들에게 자신을 보여 줄 수는 없었다. 부스스 일어난 그는 터덜터덜 말목재 고개를 올랐다. 왼편의 산기슭과 오른편의 논이 무척 부러웠다.

'저렇게 산과 논이 많은데 내 것은 어디에도 없구나!'

더구나 이제는 죽은 소마저 빚이 되어버렸다. 삶을 더 이상 지탱하기가 어려울 것 같았다. 재의 정상에 있는 멋들어진 소나무가 보였다.

'저렇게 오래된 소나무에는 분명 신령님이 깃들어 계실 거여!'

그 신령님이라면 자신의 처지를 알아주시고, 감싸안아 받아주실 것 같았다. 그는 망설임 없이 주변에 있는 칡넝쿨을 거두어 목에 감았다.

소나무 밑에 앉아서 전부여가 감정을 절제하며 말하는 사연을 듣고 있던 한길남이 주머니에서 봉투 담배를 꺼내 다른 주머니에 있던 종이에 담배를 가늘고 기다랗게 펼치더니 침을 묻혀 두르르 말아 불을 붙여 물었다.

"나가 왜 무르팍 밑이 없는지 아냐?"

상대가 속살을 보여주면 내 속살도 보여줘야 하는 법이었다. 그는 이 젊은이의 나이 즈음에 자신의 절망스러웠던 시간을 보여줘야 한다고 생각되었다.

“모르지는 않것지. 남들이 하는 말 대부분 사실이기도 하고. 난들 다른 사람들이 내가 없는 곳에서는 아랫도리가 없는 ‘웃도리’ 라고 부르고 있다는 것을 모르것냐. 그리고 사실 그렇게 보이잖아.”

자조적인 듯 말하는 그의 목소리는 몹시 무거웠다.

“그래도 아저씨는 돈을 잘 벌잖아요.”

땅에 시선을 둔 채 전부여가 엉겁결에 말했다.

“네 눈에는 그렇게 보였냐. 그리고 그게 부러웠던 거로구나.”

돌이켜보면 절망적인 나날들이었다. 전쟁이 끝난 뒤의 휴전선은 오랫동안 지뢰 천지였다. 자신뿐만이 아닌 수많은 젊은이가 손목과 발목을 잃었고, 무릎까지 잘려 나간 일도 있지만 더한 경우에는 지뢰가 목숨마저 앗아갔다.

그렇지만 나라는 큰 부상으로 제대하는 그의 손에 훈장만 하나 달랑 쥐어 내보냈다. 젊은 나이에 병신이 되어 고향에 돌아온 그에게 고향 사람들은 가족과 다름없는 안타까움을 표했지만, 그들도 딱히 도울 길은 없는 처지였다. 죽음을 넘나드는 방황이 거듭되던 어느 날, 술에 잔뜩 취해 집으로 돌아오던 길에 그는 길섶에 쌓여 있는 나뭇더미 속에서 잠들었다. 그렇게 자신을 푸근하게 보듬어 주던 나뭇단들은 땔감들이었다. 아침에 잠에서 깨자 간밤의 숙취가 걷힌 그의 머리에 한 가지 생각이 스치듯 떠올랐다.

"내가 왜 이 생각을 진즉에 하지 못했었을까?"

전쟁이 끝나고 얼마 지나지 않은 도시의 가정에서는 취사와 난방의 절대다수를 나무 땔감에 의지했다. 마땅한 돈벌이가 없는 산속의 오지 마을에는 생계가 걸린 일이었지만, 그들을 막는 지서의 순경들이 문제였다. 마을에서는 그들을 '살링게' 로 불렀다. 당시에 나라에서는 강력한 '산림녹화사업' 을 벌이고 있던 시절이다. 지서에서 산림계가 단속 나오면 마을은 그야말로 쑥대밭이 되었다.

아침밥도 먹지 않고 면사무소까지 소달구지를 타고 간 그는 곧장 지서장 실로 들어갔다.

"여기서 자꾸 이러면 철창에 가둘 거야!"

손에는 훈장을 든 채, 장화를 벗어던져 드러난 흉터투성이의 짤막한 다리로 지서장실의 바닥에 드러누운 그를 지서의 순경들도 어쩌지 못해 하고 있었다.

"철창이 더 무섭것소, 굶어 죽는 게 더 무섭것소. 젊은 몸뚱이를 이 지경으로 만들어 놓고 당신들에게 녹봉을 주는 나라는 내가 죽든지 말든지 나 몰라라 하고 있잖소. 지서장님이 허락을 안 하면 나는 차라리 여기서 죽어 버리것소."

지서의 직원들도 한길남의 손에 들려 있는 훈장의 의미를 너무도 잘 알고 있어 감히 함부로 대하지 못하고 있었다.

어쩔 수 없이 지서장이 나섰다.

"알았소. 내가 특별히 당신만 예외를 둘 테니 이제 집으로 돌아가시오."

"정말이시죠, 지서장님! 고맙습니다. 나라는 내 다리를 빼앗아 가기만 했는데 지서장님은 저를 살려주셨습니다!"

그렇게 그는 '살링게' 로부터 단속 받지 않고 자유롭게 나무를 해서 도시에 땔감을 공급하는 사업권을 얻을 수 있었다. 이 엄청난 특혜는 그를 단숨에 인근 마을의 땔감을 중개하는 위치로 이끌었다.

"너도 내가 십몇 년 전까지만 해도 술에 절어 부랑배처럼 지내던 거 본 기억 있지?"

"기억나요. 지금은 훨씬 달라졌지만!"

"네 나이 즈음에 다리 없는 병신이 되어 집에 온다는 거 상상해 본 적이 있어?"

그의 말에 전부여는 아무 답도 하지 않았다. 그도 잠시 뜸을 들였다.

"내가 지금의 네 심정을 모두 헤아릴 수는 없다. 그렇지만 알 수 있다고도 말할 수 있다. 내 말 이해가 돼?"

젊은이가 희미하게 고개를 끄덕였다.

"조금 더 살아 보자. 그러고도 죽을 기회는 늘 있는 거니까. 나도 그래봐서 그 마음을 알기 때문에 말하는 거야."

전부여는 천천히 고개를 들어 밝아오는 아침의 하늘을 바라보았다. 그런 그를 보며 한길남은 안도의 한숨을 나직이 뱉었다. 그러고는 그의 손을 이끌었다.

"내가 어떻게든 수습 방법을 찾아보마. 같이 다시 해보자."

그제 땔감을 넘긴 탓에 그는 한동안 다시 증골에 들를 일이 없었다. 며칠은 더 나무를 모아야 논산에서 나무를 사 가려고 올 것이었다. 하지만 하루를 고민한 끝에 한길남은 해거름쯤에 부지런히 말목재 고개를 내려오고 있었다. 내려오는 길 왼편의 논에 사람이 보였다.

"성억이 형님! 일 나오셨수?"

멀찍이 고라실 논에서 논둑에 심은 두렁 태를 수확하는 남자에게 한길남이 소리를 질렀다.

"오늘도 마실 오나? 그제 다녀갔잖아."

"그랬지. 그런데 오늘 형님이랑 막걸리 한잔하려고 가는 중이오."

"나한테 볼일이 뭐여."

성억의 집은 말목재를 다 내려와 개울을 건너는 초입에 있었다. 한길남은 그의 텃밭을 땔감을 쌓아두는 저장소로 이용하고 있었다.

늦가을의 해는 빠르게 저물었다. 바람에 조금씩 흔들리는 호야 불 아래 두 사람은 마주 앉았다. 쉽게 꺼내기 힘든 말로 인해 두 사람의 대화는 겉돌았다.

"근디 저 고개를 넘어오려면 꽤 고생스럽지?"

"아녀 암시렁토 안 혀!"

"성한 다리로도 쉽지 않은 거 내가 모르것어?"

"대신 형님이 모르는 좋은 것도 많지!"

"이 사람은 뭔가 아쉬운 말이라도 할라치면 이렇게 형님이라고 부르며 능청을 떨어!"

싫지 않은 웃음을 머금으며 성억이 주먹을 들었다 내렸다. 나이 차가 별로 나지 않는 두 사람인 것이다.

"그래! 내게 말할 게 뭔가! 형님이라고 부르고 술까지 사 가면서도 말 못하는 걸 보니 어려운 부탁인가 보구먼."

한길남에게서 어제 새벽에 있던 일을 전해 들은 성억은 말없이 잘 마시지도 못하는 막걸리를 쭉 들이켰다.

찢어지게 가난한 삶에도 그는 논산 시내의 중학교 이사장이, 말목재 근처 석천리에 교회와 별장을 짓고 오가던 인연으로 그 당시 시골에서는 흔치 않게 중학교를 마쳤다. 그렇지만 굶주리는 가족들로 인해 더 이상 학업을 지탱하지는 못했다. 그는 성실하게 살면서 자신의 자식대를 위해 살기로 다짐했다.

소, 돼지, 닭, 염소 등 가축을 닥치는 대로 키우고, 돈이 된다고 하는 것은 무조건 덤벼들었다. 그 덕에 그의 집은 마을에서도 윤택한 편이 되었다. 그런 성억을 한길남도 인정하는 터였기에 부탁해 보고자 내려왔지만, 마음에 담고 온 말을 차마 꺼내 놓기가 어려웠었다.

"젊은 사람이 창창한 앞날을 두고 왜 그렇게 못난 생각을 한 거여!"

"앞으로 살 세상이 얼마나 막막했으면 그렇게 모진 결심을 했을겨! 그래서 말인디 우리가 좀 도와줍시다."

성억도 물론 그러고 싶었다. 밤새 문지방 너머에서 울고 있던 청년의 마음을 모를 수 없지만 감내할 방법이 떠오르지 않았다.

밤새 고민한 것이 생각나 그는 한길남을 멀거니 건너다 보았다.

'뭘 어찌 도와주려고.'

성억의 눈빛을 받은 한길남이 막걸리를 쭉 들이켜고 김치 한 조각을 맛나게 넘겼다.

"내가 형님 텃밭을 빌리는 값을 더 쳐주는 건 어떻소."

공을 건네받은 성억이 잠자코 생각에 잠겼다. 그렇지만 쉽게 대답이 나오지 않았다. 목돈을 주고 푼돈으로 받는 격이다.

"내게 말미를 좀 주소. 나도 집사람과 상의를 해볼랑게."

"단박에 거절하지 않은 것만도 나는 고마워!"

"이 사람! 하고 싶은 말을 다 했구먼. 말이 도로 짧아지는 걸 보니!"

두 사람이 크게 웃자, 주막집 여주인도 따라 웃었다.

"왜 갑자기 살링게가 들이닥친 겨! 우리 동네에는 안 나오는 거였잖어."

지금은 한길남이 대부분을 독점하는 땔감 장사지만, 오래전부터 장사 해오던 터라 아직도 조금씩 이어오고 있는 땔감 장사로 호구지책을 삼는 장 사장이 안절부절 이리저리 정신없이 뛰어다니고 있었다.

그동안 삼전리는 산림계로부터 안전지대나 다름이 없었다. 주로 땔감을 공급하는 증골 지역에 지서장의 허락을 받고 장사하는 한길남이 있기 때문이다.

그렇지만 오늘은 달랐다. 비록 한길남의 땔감 더미에는 손을 댈 수 없지만, 삼전리에 거주하는 주민들의 집 모두를 뒤져서라도 실적을 올려야 했다.

시골의 모든 집 부엌에 나무 땔감 몇 단쯤이 없을 수 없는 일이다. 산림계원들은 이마저도 트집을 잡으며 그동안의 분풀이를 해대고 있었다. 증골 마을의 서른 가구 남짓한 중에 열 가구가 넘게 걸렸다.

그중에 가장 큰 타격은 장 사장이 받았다. 보름 전부터 시작한 등짐 작업으로 읍내에 한 번 실어낼 만큼의 분량을 겨우 모았는데 그걸 한꺼번에 압수당하고 거기에다 지서로 출두하라는 명령까지 받았다. 아무리 한길남이 땔감 더미를 짚으로 둘러 위장했다고는 하지만 누구나 척 봐도 나뭇단임을 알 일이었는데, 거기에는 손끝 하나 대지 않은 것이 근동에서 사람 좋기로 소문난 장 사장을 더욱 미치도록 만들었다.

"내가 증말로 환장을 하것어!"

눈빛마저 이상해진 그는 산림계가 철수하자 분한 마음을 이기지 못하고 술집에 들어앉았다.

짧은 해가 떨어지고, 흉흉한 마음에 마을 사람들이 마실도 나서지 않은 탓인지 동네 고샅은 금세 적막해지고 집안의 등불도 일찌감치 하나둘 꺼지기 시작했다. 장 사장의 노래인지 괴성인지 분간 못할 소리가 들린 것은 그 무렵부터였다. 그 심정을 넉넉하게 짐작하는 마을 사람들은 나직하게 한숨만 내쉬며 이불 속에 누워있었다. 그렇게 한동안 소란스럽던 마을이 잠시 적막해졌다. 사람들은 장 사장이 집에 들어갔겠거니 하고 서둘러 잠을 청했다.

"불이야!"

헛간에 있는 변소에 가려고 방문을 열던 성억의 아내가 부지불식간에 비명을 질렀다. 텃밭의 땔감 더미에서 불길이 치솟고 있었다.

"아이고! 숙이 아부지 얼렁 일어나요! 텃밭 나무들 다 타 버리네."

그녀의 말에 집안 식구들 모두 화들짝 놀라 마당으로 나섰다. 사립문부터 헛간에 이르는 백여 미터의 기다랗고, 길 건너편의 집 지붕을 가릴 만큼이나 높게 쌓여 있는 땔감 나뭇더미에 불이 붙어 활활 타오르고 있었다. 헛간에 닿은 쪽에서 불이 일어난 듯 보였다. 놀란 식구들이 모두 함께 소리치기 시작했다.

"불이야! 불이야!"

그들의 외침에 마을 사람들도 일어나는지 사방에서 개들이 짖어대기 시작했다.

"이게 뭔 일이여!"

모여드는 마을 사람들 각각의 손에는 물바가지와 양동이가 들려 있었다.

성억은 재빠르게 상황을 파악해야 했다. 헛간을 지켜야 하는지 땔감을 지켜야 하는지. 그리고 불을 끄는데 필요한 물을 어디서 구해야 할지.

"다들 잘 들어요. 장정들은 나무 단 중간을 빨리 헐어! 그리고 나머지 사람들은 저 밑에 있는 또랑까지 길게 늘어서서 물을 길어 옆 사람에게 전달하는 띠를 만들어. 그리고 숙이 엄마는 우리를 열어 짐승들을 빨리 풀어줘."

바싹 마른 삭정이의 불은 쉽게 꺼지지 않는다. 그러함에도 마을 사람들은 칠흑 같은 밤중에 힘을 합쳐 땔감 더미의 절반이 넘게 지켜냈다. 그러느라 성억의 집 헛간은 다 타버렸지만, 불을 끄고 난 마을 사람들의 얼굴에는 작은 성취감이 배어나고 있었다.

"임자 고종시 먹을 수 있을라나!"

아내는 그의 생각이 무엇인지 쉽게 알아챘다.

"아직은 조금 떫을 텐디."

"그려도 가져와야 쓰것어."

그녀는 아이들과 함께 장독대의 독 안에 넣어 둔 대봉

감을 꺼내왔다.

"다들 이리 오세요. 힘쓰느라 허출할 텐데, 워낙 갑작스러워서 뭐 먹으라고 줄 게 없네. 이거라도 하나씩 들어요."

"이거 손님들이 오면 대접하고, 겨우내 먹을 간식으로 저장해둔 귀한 것일 텐데 뭐 하러 내와. 일도 다 치렀으니 우리는 그냥 돌아갈 겨."

손사래 치는 그들에게 성억의 식구들은 시린 감에 고마움 담긴 따뜻한 마음을 얹어 하나씩 들려 보냈다.

"인사 방으로 모두 들어가!"

"짐승들 찾아봐야지."

아내가 사방을 두리번거리며 차마 발을 못 떼고 말했다.

"이 밤중에 어디 가서 찾을라고. 그리고 아마 다들 멀리는 안 갔을 겨."

마음속으로 부디 그렇기만 바랄 뿐이었다. 지금은 당장 찾아 나설 엄두가 나지 않기는 성억도 마찬가지였다.

다음 날 아침, 드러난 지난밤 화재 현장의 모습은 참담했다.

구멍이 숭숭하고 나무 기둥에 겨우 지붕만 얹어있던 헛간이었지만, 그마저도 없어지자 옆집 마당이 훤하게 보였다. 땔감 더미는 사방으로 흩어져 있고, 타서 숯이 돼버린 나무 부스러기와 재가 바람에 날리고 있었다.

"소 돼지우리가 없어져 버렸네. 염병 변소도 없네. 이제 볼일은 어디 가서 본 대요!"

큰딸 숙이가 당황스러운 듯 중얼거렸다. 다른 가족들도 말을 잊은 채 입을 헤벌리고 멍하니 바라보고만 있었다.

그러는 사이에 성억이 소와 양들을 끌고 마당으로 들어섰다.

"이것들을 어디서 붙잡아 왔대. 신기하고 고맙게 밤새 멀리까정 안 가고 있었구나!"

"야들이 겁이 많아서 밤에는 함부로 멀리까지는 안 댕기지."

성억이 큰일이라도 하고 온 것처럼 거드름을 피우듯 말했다.

"임자는 애들 데리고 위 텃밭에 가서 돼지들 몰아오소."

"돼지들도 다 거기에 있어요? 야들아 언능 가자."

살림 밑천이 온전하게 남아 있다는 안도감으로 아내는 신바람이 난 듯 애들과 함께 나섰다.

점심때도 못 돼서 한길남이 사람들과 함께 소달구지를 타고 왔다. 화재 소식을 듣고 평소 나무를 팔던 동네 사람들을 모아 불난 현장을 확인하고 정리하려고 온 듯했다. 얼마 전 소를 잃고 밤새 울던 전부여도 같은 일행으로 왔다. 그동안 먼발치에서 여러 번 보기는 했지만, 가까이에서 조우는 오랜만인 서로는 서로에게 남아 있는 해결하지 못한 문제로 인해 약간 어색해하며 인사를 나눴다.

"일찌감치 나섰나 보구먼."

"자네는 이 사단을 당하고도 태평해 보이네."

"밤새 좀 시끄러웠지만 벨 일은 아녔지!"

성억의 집 마당에 들어선 한길남이 주변을 휘휘 둘러보았다. 그러더니 하늘을 우러르며 한동안 가만히 서 있었다.

"고맙네! 고생 많았구먼."

잠시 후 감정을 추스른 듯 그가 말했다. 그의 눈에 성억이 지난밤에 자신의 헛간을 희생시키고 땔감을 지켜낸 것이 보인 것이다.

주막으로 동네 사람들이 모여들었다.

"어젯밤 늦도록 불을 끄느라 고생하셔서 제가 점심을 대접해 드립니다. 덕분에 나무들을 많이 건사했습니다. 변변찮지만 맛있게들 드세요!"

"우덜이 뭘 한 것이 있간디. 고맙게 먹것시우."

국밥 한 그릇과 막걸리 두어 잔은 꽤 근사한 대접이었다.

"자네 너무 무리하는 거 아닌가!"

"성형이 헛간을 희생하고 동네 사람들을 잘 통솔해서 내 나뭇단을 지켜준 고마움에 비하면 하찮은 정도여. 역시 배운 사람에게 본받을 게 참 많아."

"이 사람은 이런 자리에서 왜 그런 쓸데없는 말을 하고 그래!"

무안한 성억이 핀잔인 듯 농담인 듯 말했다.

왁자하던 자리가 웬만큼 정리되어 갈 즈음이었다.

"장 사장 왜 인자 왔어. 일루 앉어. 여기 상하나 새로 차려주쇼."

"아녀! 나는 밥 생각이 하나도 없구먼."

"한 사장이 한 턱 내는 겨. 어젯밤 우덜이 힘쓴 걸 알고서."

장선익은 밥숟갈을 뜨지 않고 망연하게 앉아 있었다. 한참을 허공만 바라보고 앉아 있던 그가 갑자기 울기 시작했다. 갑작스러운 일에 주변이 술렁거렸다. 이윽고 울음을 멈춘 장선익이 한길남이 앉은 자리로 향했다.

"형님! 여기서 밥 한술 뜨실라우?"

갑자기 자신에게 다가오는 장 사장을 한길남이 반기며 말했다.

"미안하네. 내가 무슨 염치로 한 사장에게 밥을 얻어먹겠소!"

"오늘 형님이 왜 이렇게 약하게 굴까."

분위기를 바꿔보려고 한길남이 너스레를 떨었다.

"한 사장 나뭇단에 불을 놓은 게 바로 나여!"

그의 이 한마디에 주막집이 한순간에 얼어붙었다.

"선익이 그게 뭔 소리여. 다시 말해봐!"

성억이 믿기지 않는 듯 재차 물었다.

"살링게가 나와서 가을 내내 근근이 모아 둔 내 나무들을 몰수하고, 지서까지 오라고 해서 어제 내가 술김에 미친 지랄을 했구먼."

그의 말에 다시 분위기가 급변했다. 한길남은 할 말을 잃은 채 바닥만 뚫어져라 보고 있고 마을 사람들은 서로 소곤거리기 시작했다. 곧이어 사람들이 표정이 묘하게 굳어지기 시작했다.

"순딩이 선익이가 그럴 정도면 필시 까닭이 있기 마련이지."

누군가 장 사장을 두둔했다. 사람들 대다수가 고개를 끄덕이며 그 누군가의 말에 동조하고 있었다. 그리고 하나둘 자리에서 일어서더니 한길남이 앉은 밥상 주변으로 둘러섰다. 그들은 암묵적으로 한길남의 답변을 요구하고 있었다.

'이 사람들이 내게 장 사장을 용서해 주라고 강요하고 있다.'

한길남은 그들이 자신에게 원하는 것이 무엇인지를 충분히 짐작했다. 그렇지만 이런 분위기에서 굴복하듯 사람들의 요구에 응하기는 싫었다.

"다들 이렇게 모이면 뭐, 어떻게 할 건데."

그는 허리를 꼿꼿하게 세우고 가슴을 내밀었다. 그가 강경한 자세를 보이자 그의 뒤를 이방 골과 덕골 사람들이 재빨리 둘러섰다. 분위기가 더욱 험악해졌다.

"지금 장 사장이 내 나무에 불을 질렀다고 자기 입으로 실토하고 있잖아. 여러 사람 덕에 피해를 줄인 건 사실이지만, 나는 이번 겨울 장사 헛하는 거야. 내년 봄에는 나도 굶어 죽게 생겼다고."

"그럼 장 사장이 불을 질렀다고 자백하니 지서에 신고라도 할까?"

누군가 군중 속에서 소리쳤다. 자칫하면 폭력이 발생하는 걷잡을 수 없을 상황으로 번질 위기였다.

"다들 이러지 말고 우선 자리에 앉아서 차분하게 말해 봅시다."

성억이 자리에서 일어서며 말했다. 동네 사람들은 배운 사람으로서 마을 일을 솔선해서 챙기고, 가난을 이겨 내 보겠다고 청년들과 함께 이리저리 애쓰며 살아가는 그를, 그동안 마음속으로는 동네의 지도자로 여기고 있었다. 그의 말에 사람들이 서로의 반응을 흘깃거렸다.

"나는 간밤에 헛간이 다 타버렸고, 아침에야 겨우 가축들을 되찾았어요. 그리고 한 사장은 군대에서 지뢰를 밟아 다리를 잃고 '웃도리' 라는 놀림에 가까운 별명으로 불리며 살고 있어요."

그가 잠시 말을 끊었다. 그사이 흥분했던 마을 사람들이 하나둘 자리에 앉기 시작했다.

"한 사장이 달랑 훈장 하나 받고 제대해서 망나니로 살던 모습 다들 봤지요. 그가 지서장하고 담판해서 그동안 우리 동네는 살링게의 감시망에서 벗어나 나무를 도회지로 많이 팔아먹었지요. 이번 일은 서장의 지시였다니 누구도 막지 못하는 일이었잖아요."

그가 잠시 말을 끊고 막걸리를 마셨다.

"우리는 착해빠진 장 사장의 큰 상심 또한 헤아릴 수 있습니다. 한 사장도 사업을 하고 있으니 장 사장 마음 모를 리 없잖나. 나 헛간 타버린 거 누구 탓도 안 하네. 자네도 나무 손해 본 거 액땜으로 치부해 주면 안 되겠나."

한참 후 가만히 앉아 듣고 있던 한길남이 성억의 말을 이어받았다.

"제가 한마디 할게요."

그의 얼굴은 어느새 한결 풀려 있었다. 성억의 말이 빌미를 찾도록 기회를 준 것이다.

"그동안 나무 장사 잘하던 사람이 나 때문에 밀려나서 속도 많이 상했을 거라 짐작해요. 이런 몸으로 내가 살 길이 이것밖에 없어서 어쩔 수 없는 일이라고 치부했지만, 장 사장 마음이 오죽했을까 생각하니 제 배려가 부족했었다는 마음이 드네요. 이번 일로 공부 많이 했습니다. 형님! 내 술 한잔 받으세요. 우리 아무 일 없었던 것처럼 다시 잘 지냅시다!"

장선익이 엉거주춤 일어나며 공손하게 술잔을 받았다. 그 모습에 동네 사람들이 손뼉 치고 왁자지껄 다시 소란

스러워졌다.

며칠 뒤 주막에서 저녁을 먹자며 한길남이 성억과 장선익을 불렀다. 그 자리에 전부여도 함께였다. 얼마 지나지 않아 두 사람이 안으로 들어섰다.

"한 사장 먼저 와 있네. 자네도 왔구먼!"

전부여와 아직 배내기 소 문제를 매듭짓지 못한 성억이 그를 보며 어색하게 말을 건넸다.

"한 사장은 뭔 일로 우리를 여기꺼정 불렀댜."

며칠 전 주막에서의 일에 대한 고마움이 떠올라 한길남을 볼 면목이 없던 장선익이 먼산바라기를 하듯 눈길을 허공에 둔 채 말했다.

"뭣이 그렇게 급하간디. 찬찬히 밥 먹고 얘기해요. 주모 준비됐으면 요기할 것들 내소."

그렇지만 잠시 후 주모가 차려 내온 상은 '요기할 것들' 정도가 아니었다. 산골 마을은 생선이 귀하다. 그래서 모내기 철이나 생일상에 간고등어가 대접받았다. 그런데 내어 온 상에는 생물로 조리한 생선요리들과 소고기 요리들이 그득했다.

"이게 다 뭐여. 갑부 집 환갑잔치 상보다 더 푸짐하네!"

눈이 휘둥그레진 세 사람이 감탄사를 뱉었다.

"종일 구경만 할 거 아니면 앉아서 먹자고."

한길남이 먼저 상을 당겨 앉자 나머지 세 사람도 둘러

앉았다.

"배불리 먹었으니 말해보시게. 뭔 일이 있어서 이렇게 우리를 거창하게 대접해 주는지."

한길남이 말머리를 여느라 골똘한 표정으로 말했다.

"나는 우리 네 사람이 각자에게 고민과 이해관계가 있다고 생각돼. 나와 부여는 성억이에게, 선익이 형님은 내게 풀어야 할 일이 있지. 성억이는 어른으로서 젊은 부여가 살 수 있는 길을 생각하느라 깊은 고민일 테고."

"맞는 말이지. 한 사장이 그냥 넘어가 주고 있지만, 내가 불태운 나무들 값은 치러야지."

장선익이 당연한 일이라는 듯 얼른 말하고 나섰다.

"나도 부여가 실수로 소를 죽인 일 가지고 이문을 얻을 생각은 없어. 그런데 한 사장은 내게 뭐가 있다는 것인가."

"내가 마땅히 자네 헛간을 책임져야지. 당장 식구들이 볼일 볼 곳조차도 변변치 않잖아."

"그게 어째 자네 책임인가. 내가 알아서 곧 멍석이라도 두를 생각이네."

"그렇게 매정하리만치 말해도 막상 막연할 자네 마음 나는 짐작이 되네! 그래서 우리 네 사람이 서로를 도울 길을 상의해 보자고 부른겨!"

그의 속마음을 알 수 없는 세 사람은 서로의 얼굴만 번갈아 보았다.

"한편으로는 간단한 일이기도 한데!"

한길남이 숭늉을 한입 물더니 우적우적 소리를 내고 넘겼다.

"서로 가진 것을 나누는 거지."

세 사람은 이 말 역시도 쉽게 이해하기 어려웠다.

"장 사장은 내게 나무를 변상한다고 했었지. 부여는 성억 자네에게 솟값을 물어야 하고. 나 역시 자네에게 헛간을 신세 졌고. 자네는 부여에게 마음의 부담을 덜어야 하고."

맞는 말이었다.

"그래서 어쩌자는 거야, 이 사람아!"

기다리다 못한 성억이 끼어들었다.

"장 사장 형님 집에 저번에 낳은 송아지 있지. 그거 부여 배내기 주고, 부여는 그걸 키워서 첫째 큰 소를 성억이 주고, 두 번째 소를 키워서 그 새끼를 갖고 어미는 장 사장을 줘. 그래 주면 선익이 형님에게 나무 값 안 받을게. 나는 성억이네 헛간을 짓도록 돈을 보탤게."

"그럼 나는 얻기만 하잖나."

"소도 헛간도 자네가 희생한 것들이니 보상받아야지. 다만 자네는 부여를 공부시켜주시게."

그가 말을 마치자 장선익과 전부여의 표정이 환해졌다.

"명쾌하구먼. 한 사장이 원래 이렇게 똑똑했었나?"

장 사장의 말에 세 사람은 너털웃음을 터트렸다.

"주모 여기 막걸리 내오시게!"

한길남이 호기 있게 소리쳤다.

성억의 집 앞 큰 길이 왁자지껄해졌다. 약간 오르막길의 신작로 한가운데 암내 난 소가 한 마리 서 있었다. 장정 둘은 암소의 뒷다리에 기다란 막대를 교차시켜 끼워서 소가 앞으로 나가지 못하게 막고, 소의 주인은 앞에서 고삐를 단단하게 잡고 힘을 잔뜩 주고 있었다. 암소 뒤로 동네의 모든 암소에 접붙이는 씨황소를 주인이 고삐를 암소의 꽁무니로 끌어 암내를 맡도록 이끌었다.

"이놈이 우리 농네 임소를 죄다 건드리네. 복도 많다!"

중에 누군가 실없는 소리를 하자 다들 왁자하게 웃었다. 그 소란 중에도 황소만은 진지했다. 암내를 맡은 녀석은 허공을 향해 코를 씰룩거리며 급하다고 보채기 시작했다.

"어이쿠 이놈이 아주 정신을 못 차리네."

"영차! 꽉 잡아."

"어이쿠! 암소 앞으로 안 나가게 힘 꽉 줘!"

달려들며 암소를 올라타는 황소의 기세에 암소 뒷다리 가랑이에 나무를 지지하던 장정 둘과 암소 고삐를 잡고 있던 주인이 엉겁결에 외치며 잔뜩 힘을 주었다. 눈 깜짝할 사이 황소가 임무를 마치자 암소 가랑이를 떠받치던 두 장정이 얼른 나무를 치웠다. 그러자 암소가 부리나케 앞으로 내달았다.

"토끼도 저것보다는 오래 하겠다. 그놈 덩치가 아깝

네!"

모였던 구경꾼들이 제각기 한마디씩 하며 흩어졌다. 흔하게 볼 수 있는 구경거리가 아니어서 나무를 팔러 내려왔던 전부여도 묘한 기분으로 그 광경을 보았다. 새로운 생명의 시작점! 구경이 끝나고 우연히 성억의 집 쪽으로 눈길을 돌리던 그의 눈에 큰딸 숙이의 모습이 눈에 들어왔다. 그녀도 마루 끝에 까치발을 하고서 구경하던 참이었다. 먼 거리지만 그들의 눈이 맞닥뜨렸다. 경황없음에 둘은 황급히 시선을 거두었지만 두 마음의 한구석이 울렁였다.

그 짧은 순간에도 둘의 당혹감을 눈치챈 이가 있었다. 장선익이었다. 그는 입가에 웃음을 머금고 전부여에게 말을 걸었다.

"너 코뚜레는 만들어 봤냐?"

"아니요. 작년에 성억이 아저씨 송아지에는 코뚜레가 있었어요."

"그럼 이참에 해보자. 산에서 나무하다 엄지손가락만 한 노간주나무 가지 보이면 곧은 걸로 한 뼘 반 정도 잘라서 껍질 벗기고 다듬어서 가지고 와."

"한 번 해볼게요."

"어느 세월에 그걸 새로 만들어. 우리 집에 만들어 둔 거 있으니 이번에는 그걸 쓰고, 소가 크면 새것으로 만들어 끼워."

어느 틈에 성억이 다가와 참견했다. 그도 전부여와 딸

의 시선을 눈치챈 사람 중 하나인 듯싶었다. 장선익이 빙긋 웃으며 말했다.

"그럼 이참에 송아지 코뚜레 꿰서 네 집으로 끌고 가거라."

"뭘 그렇게 서둘러!"

"사람이든 짐승이든 때가 되면 보내야 하는 거여."

그들의 대화가 무슨 뜻인지 알지 못하는 전부여가 말했다.

"고맙습니다. 사장님!"

"고맙기는. 일 년 남짓이면 될 일을 삼 년이 다 되게 고생해야 겨우 송아지 한 마리 생기게 됐구먼."

"그래도 이렇게 기회를 주셔서 저는 희망이 생겼어요."

주먹을 불끈 쥐어 보이는 그가 대견하다는 듯 장선익이 전부여의 어깨를 툭 쳐줬다. 성억도 그렇게 말하는 그가 대견스럽기는 매한가지였다.

"이제 가볼게요! 소 잘 건사하겠습니다."

두 사람의 이유 모를 옥신 각신에도 송아지를 얻은 기쁨에 들뜬 전부여가 송아지를 끌며 말했다.

"그려 잘 키워서 다시 가지고 와!"

익숙하지 않은 송아지는 자꾸 몸을 내빼려고 버둥거렸지만 이미 코를 꿰인 뒤였다.

전부여가 개울을 건너 말목재 초입에 들어서는데 몇 발자국 앞에 성숙이 빨랫감을이고 빨래터로 가고 있었다.

"어험, 험!"

전부여가 기척을 했다. 성숙이 뒤를 돌아보더니 살며시 눈 인사를 했다.

"빨래하러 가네요!"

"송아지 새로 시집가는 길인가 봐요! 이번에는 잘 키우세요!"

덕담을 건네는 그녀의 볼이 발그레 물들었다.

"그래야지요! 우리 담에 또 봐요."

그녀의 곁을 지나치며 옆 눈으로 바라보던 그가 그녀의 눈웃음에 헛발을 디디며 잠시 휘청거렸다. 그런 그를 바라보며 성숙이 하얗게 웃었다. 고삐를 잡은 그의 발길에도 기운이 솟았다.

서종식 소설가

1963년 충남 논산에서 출생
목원대학교 국어교육학과 졸업
리조트, 스키장, 골프장 등 레저업계에서 재직
문학고을 신인문학상 수상 소설 부문 등단
〈제79회 2차 공모 당선〉
공저
문학고을 '종합문예지 청목' 참여